逆风飞翔

孩子的良好素质从家庭教育开始

李玲玲 ◎ 著

中华工商联合出版社

图书在版编目（CIP）数据

逆风飞翔：孩子的良好素质从家庭教育开始 / 李玲玲著. -- 北京：中华工商联合出版社，2023.5
ISBN 978-7-5158-3673-7

Ⅰ.①逆… Ⅱ.①李… Ⅲ.①家庭教育—素质教育 Ⅳ.① G78

中国国家版本馆 CIP 数据核字 (2023) 第 076499 号

逆风飞翔：孩子的良好素质从家庭教育开始

作　　者：	李玲玲
出 品 人：	刘刚
图书策划：	北京金清水澈文化传播有限公司
责任编辑：	胡小英
封面设计：	李彦生
责任审读：	付德华
责任印制：	迈致红
出版发行：	中华工商联合出版社有限责任公司
印　　刷：	北京毅峰迅捷印刷有限公司
版　　次：	2023 年 6 月第 1 版
印　　次：	2023 年 6 月第 1 次印刷
开　　本：	880mm×1230mm　1 / 32
字　　数：	180 千字
印　　张：	8
书　　号：	ISBN 978-7-5158-3673-7
定　　价：	49.00 元

服务热线：010 — 58301130 — 0（前台）
销售热线：010 — 58302977（网店部）
　　　　　010 — 58302166（门店部）
　　　　　010 — 58302837（馆配部、新媒体部）
　　　　　010 — 58302813（团购部）
地址邮编：北京市西城区西环广场 A 座
　　　　　19 — 20 层，100044
http://www.chgslcbs.cn
投稿热线：010 — 58302907（总编室）
投稿邮箱：1621239583@qq.com

工商联版图书
版权所有　侵权必究

凡本社图书出现印装质量问题，请与印务部联系。
联系电话：010 — 58302915

素质教育让孩子逆风也能飞翔

卡耐基曾说：一个人事业上的成功，只有15%是由于他的专业技术，另外的85%要依赖人际关系、处世技巧。软与硬是相对而言的。专业的技术是硬本领，善于处理人际关系的交际本领则是软本领。

对于孩子来说，如果把学习成绩和专业技能看作是硬实力，那么塑造孩子健全人格的素质教育就是不可或缺的软实力。

素质教育是对孩子进行全面培养，包括积极个性、道德品行、学习能力、潜能开发等为人处世的智慧。可以说，素质教育决定着孩子的未来发展，就像盖楼打地基一样，地基的牢固决定上层建筑是否稳固。

每个人都是从学生时代过来的。当年大家共聚一堂发奋学习，升学时，因为考试成绩的高低而去往不同的学校。等到毕业之后参加工作，大家仿佛又站在相同的起点：在社会这所学校里，既要有精湛的专业技能，更要有超强的为人处世能力。

无论什么工作，都需要和人打交道，通过沟通解决工作中出现的问题。与此同时，在家庭生活中，你还要负起为人儿（女）、为人夫（妻）、为人父（母）等责任。在这种情况下，提升为人处世的能力是关键。而孩子的这些能力，在很大程度上跟原生家庭密切相关。

受父母平时待人接物的影响，孩子从懂事起就开始有意无意地模仿父母的言行、做事习惯。当孩子学习成绩下降、有心事，或是跟同学闹别扭、遇到不愉快的事情时，他是否会向父母倾诉，取决于父母营造的家庭氛围。

如果父母平时注重对孩子品行、心理、人格、独立等方面的教育，那么孩子有什么不良情绪，就会在第一时间向父母寻求帮助；如果父母平时只关注孩子的学习成绩，那么孩子就只愿意向父母报喜而不报忧。久而久之，他会把不良情绪积压在内心深处，或是通过其他途径发泄，比如，厌学、选择不良嗜好等来逃避。一旦不良情绪超出他承受的底线，就不利于他的心理健康了。严重时，还会影响到他未来对待工作和生活的态度。

我有个同学，他的学习成绩一直都很好。大学毕业后，他顺利就职于省城某事业单位，福利待遇也不错。在外人看来，他是书念得好、事业有成的天之骄子，是同龄人羡慕的对象。

然而，让所有人想不到的是，他在前几年突然辞职了，原因竟然是无法忍受机关工作的枯燥乏味、人与人之间复杂的人际关系。凭着过硬的专业知识，他在一家大型企业谋得年薪百万的副总职位。一年后，他却萌生退意。他觉得企业的人际关系比机关还复杂，工作压力更大，长期的消极情绪导致他的身体开始出现不适反应。

他感叹道："工作跟上学完全两码事，任何一项工作，考验的是一个人身体、心理、交际等综合素质。工作能力通过努力可以提升，但做人做事的能力却是无法通过努力来改变的。"

深以为然。

由于素质教育是针对孩子的不同年龄和性格，以尊重孩子的人格尊严、培养健康情绪、有效开发孩子潜能等为主，来进行全方位的教育。所以，良好的素质教育，是培养孩子成为栋梁之才的捷径，孩子哪怕站在逆风的起点也能飞翔，并助力他在辽阔的天地飞得更高、更稳！

陆游在家训中告诫后人：孩子的好品行要从娃娃抓起，先把孩子培养成人格健全的人，再学习文化知识。唯有健全的人格，才是成才的基础。

孔子也教导弟子"入则孝，出则悌，谨而信，泛爱众，而亲仁。行有余力，则以学文"，就是先让弟子拥有良好的道德操守，等把人做好了再做学问，才能为国家和社会做贡献。

家庭是培育孩子素质教育的沃土，有了良好的素质做坚实的基础，他在学校的学习就有了支撑和支点，有助于他在未来飞得更高、更远。

作为孩子的人生启蒙导师，父母重视孩子的学习成绩没错，但一定要先塑造他健全的人格。因为只有正直、有德行的人，在遭遇重重困境、艰难险阻时，他才不会想着走歪路找捷径，懂得靠自己的力量和实力去拼搏、去突围。这样的孩子即便在学习上遇到困难,也不会轻言放弃。

每个孩子都是带着不同使命来到人世间的天使,他们身上独有的特质和闪光点,需要有责任心的父母善于去发现、去挖掘——孩子们身上这些独有的特质,将为世界增光添彩!

李玲玲

目录

第1章

以深沉的大爱，唤醒孩子的求知欲

1. "榜样"之爱，点亮孩子美好的未来 …………… 002
2. 正确的三观，发展孩子独特的个性 …………… 010
3. 大爱家风，塑造孩子良好的性格 ……………… 019
4. "圆梦"之爱，寒门也能出贵子 ………………… 029
5. 温暖的爱，给予孩子直面未知的勇气 ………… 037

第2章

良好的道德品行，才是成才的关键

1. 有"德"有才，方有作为 ………………………… 046
2. 勇于负责，敢于担当 …………………………… 054
3. 忠孝教育，成才的基础 ………………………… 062
4. 富养精神，远离"空心病" ……………………… 071
5. 家教箴言：良言、善行 ………………………… 081

第3章
找到读书的源动力,点燃学习的热情

1. 确立目标,知道为什么读书 …………… 090
2. 知史爱国,少年强则家国强 …………… 096
3. 学习的真谛,行有余力,则以学文 …………… 103
4. 人之气质,唯读书可以改变 …………… 111
5. 天行健,君子以自强不息 …………… 120

第4章
挖掘潜能,让每个孩子都独一无二

1. 明辨是非保平安 …………… 130
2. 学习的能力是根本 …………… 138
3. 有兴趣才能让孩子拥有"最强大脑" …………… 145
4. 自立的孩子更有竞争力 …………… 153

第5章
热爱生活,体验成长的快乐

1. 生命高于一切,让孩子学会自我保护 …………… 164
2. 面对校园霸凌,告诉孩子勇敢说"不" …………… 168
3. 技能傍身,孩子终身受益的才艺 …………… 176

4. 广泛的兴趣，丰富孩子的精神生活 …………………… 184

5. 劳以启智，赋予孩子生活的智慧 …………………… 193

第6章

加强锻炼，好身体才是"立身之本"

1. 健康的体魄，孩子成才的根基 ……………………… 204

2. 身心健康，为孩子的成长保驾护航 ………………… 211

3. 体育运动，塑造孩子健全的人格 …………………… 215

4. 合理锻炼，提升孩子的抗压能力 …………………… 224

5. 选择合适的项目，释放孩子的天性 ………………… 234

第 1 章

以深沉的大爱，唤醒孩子的求知欲

谁最爱孩子，孩子就爱他，只有爱孩子的人，他才可以教育孩子。

——高尔基

1. "榜样"之爱,点亮孩子美好的未来

美国思想家爱默生说:"孩子最终成为一个什么样的人,主要取决于他从第一个教育者那里所接受的爱的质量、陪伴和榜样的示范。"父母是一面镜子,孩子是父母的影子。要想让孩子成为更好的自己,父母就要在孩子早期成长过程中,成为他学习的榜样。当你用"榜样"式的爱教育孩子时,会点亮他美好的未来。

父母做孩子的"榜样",不是为了让父母刻意地在孩子面前"表演",而是在平时生活中自然真实地流露,真诚待人、礼貌处事,为孩子传递为人父母的教养和气度。

对孩子来说,父母榜样的作用是引领式的,能够成为他

成长路上的引路人。父母希望孩子将来成为什么样的人，自己就先成为什么样的人。但很多人都认为这句话有歧义。

几年前，一位年轻的妈妈在微信上问我，如果她想让孩子将来考研究生、考博士，当科学家或作家，是不是当父母的就要先成为这样的人？

不等我回答，她又说："我身边有很多名牌大学毕业的父母，他们的孩子学习成绩却一般。还有一些教师家里的孩子，将来也没有当教师。我父母经商很成功，但是我对经商并不感兴趣，现在宁可做一个没有多大压力的全职妈妈。所以我觉得'想要孩子成为什么样的人，父母就要先成为什么样的人'是在误导人。还有'虎父无犬子、老子英雄儿好汉'都有歧义。"

我说："如果像您这样理解这句话，好像人才就成世袭制了。想让孩子将来成才，父母就得先成才。"

她发了一个苦笑的表情符号："我不是这个意思，就是觉得专家提的这种教育理念有问题。"

我如实说道："这句话没有问题，是您理解有误。"

接着，我分析道："父母要做孩子学习的榜样。首先，父母自己要明白孩子上学的目的。因为孩子从上学那天起，他并不清楚为什么上学。所以，父母要让他知道，学习文化知识，除了将来能有一份自食其力的事业外，更是为了明白做人的道理。"

她说道："我们平时都会教育孩子好好学习，将来有出息，别人才看得起。这么讲确实有点太笼统，说实话孩子也不明白。但至于具体怎么做，大人也不知道，只是看到其他父母给孩子报各种学习班，我们也就给他报班，随大流心里才踏实。"

我说："如果父母想让孩子学习有出息，那么在日常生活中，父母要用自己的行为做他的榜样。这种榜样是父母对生活的态度。比如，父母想让孩子将来做一个有学问的人，做体面的工作。那么，父母不只是口头教导他们好好学习，还要把自己身上具备的热爱学习、吃苦耐劳、认真负责等优点展示给孩子看。"

她恍然大悟："哦，我懂了，父母给孩子做榜样，就是让他学习父母在日常生活中所表现出来的美好品质吧。"

英国心理学家希尔维亚·克莱尔说："如果你自己都不准备去有所成就，你也不能期望你的孩子去做什么。"虽然辛苦养家的父母不容易，但那些为孩子做"榜样"的父母身上具备的勤劳俭朴、吃苦实干、艰苦奋斗等美德，还有他们在家庭中表现出的孝敬老人、关心家人的行为习惯，以及与人相处时保持的诚信、肯吃亏、凡事不计较、大度等优点。会让孩子心里觉得爸爸妈妈是世界上最好的人，能让他们发自内心地爱父母、尊敬父母。

受父母榜样的感召，孩子在学习中或是跟他人相处时，会不由自主地模仿父母身上的优点。随着他年龄的增长，还会把这种优点反复用在学习中，从中得出自己的体会。当他毕业后参加工作时，父母身上让他模仿的美好品质日臻成熟，有助于他积极乐观地对待工作和生活。

当父母成为孩子模仿的"榜样"时，孩子会因崇拜父母而时刻牢记父母的教导，激励他在日后的学习和生活中保持乐观向上的态度。所以，父母教育孩子时要在言行举止上多加注意，让自己的"偶像"行为时时刻刻影响孩子。

家庭是孩子接触这个世界的连接点，他对世界的所有认知，皆来自家庭的影响。父母若给他无私的爱，那么他也会用同样的爱回报世界。孩子未来的人生高度，很大程度上取决于父母的"榜样"做得如何。

父母想让孩子好好学习、考高分，不需要天天在他耳边叮嘱，而是用你身上能够鼓舞他学习的"榜样"作用，来鞭策孩子。

曾国藩写给父母兄弟及儿女的家书，堪称家庭教育的经典教科书。从曾国藩的家书中，我们不难看出，他不但给儿女做出了好榜样，也给兄弟姐妹做出了学习的榜样。

曾国藩长年以国事为己任，使他无法亲自在家监督或是陪伴孩子成长。但他不管忙到多晚，哪怕是忙到凌晨，他都要坚持给家里人写信、给孩子写信，通过写信教育孩子。

在信中，曾国藩提倡勤俭精神，他对家人的要求是："子女不能睡懒觉、不能积钱买田、不能穿华贵华美的衣服；子女不能训斥仆佣、轻慢邻居；子女在家要敬老爱幼，女儿出嫁后要尊敬公婆，不能仗势欺人；男的在家里要扫地、种菜，女的要做饭、织布。"

为了落实子女的教育，无论公务多么繁忙，曾国藩都要挤出时间看家书和子女的回信，时刻关注儿女是否落实了他倡导的教育理念。

在生活中，曾国藩通过言传身教，对孩子起到了很好的示范和熏陶作用。

孔子说："欲教子先正其身。"正是曾国藩的这些美好品行，才令他的兄弟和儿女视其为效仿的"榜样"。为此曾氏子孙坚持秉持"做人要正直，多读书以明理"的祖训，默默无闻地坚守在自己平凡的工作岗位上，为国家的建设贡献自己的力量。

有调查显示，中小学生的偶像大多是自己的父母。所以，父母的榜样作用，会让孩子受益终生。

（1）以孝为先

"孝"作为中华的第一美德，既是为人子女的责任，也能给孩子起到榜样的作用。一个上敬老下爱幼的家庭，创造的必定是快乐和睦、温馨甜蜜的家庭气氛。孩子在这种环境中成长，自然也会上行下效。

（2）勤劳善良

古语说，积善之家必有余庆。现代大部分家庭物质条件较好，即便如此，父母也应保持勤俭持家的优良作风，除了在食物上杜绝浪费外，还要用一种豁达和善良的态度待人接物，给孩子好的示范作用。

（3）善于学习

父母要养成爱学习、勤思考的习惯。这种习惯不只是表现在工作中，在平时生活中处理问题时，也要理智对待，想办法解决。遇到难以解决的问题，父母要多想办法，多向他人请教。这种学习热情会感染孩子，当他在学业中遇到困难时也会模仿你的做法。

（4）热爱生活

心态决定生活状态。父母日常生活中表现出来的对生活的态度，也会影响到孩子。不管生活中发生什么意外和变故，父母都要拥有阳光心态，微笑直面当下的困难和难关，并通过积极的努力来克服困难、渡过难关。耳濡目染，孩子也会用你的方式来热爱生活。

2. 正确的三观，发展孩子独特的个性

在家庭教育中，父母作为孩子的启蒙导师，其教育观点和理念能影响孩子的一生。

对于教育，早在几千年前，我国圣人孔子就提倡"仁、义、礼"，其中排列第一的"仁"是指做人。教育就是先把孩子培养成"人"，再教他去做其他事情。即，做人是孩子做事的基础。也就是现代各大学倡导的"人文教育"。

哈佛首位女校长福斯特说："人文教育能让孩子获得超越的眼光，不只看到自己，还可以从不同的视角看待这个世界，更可以挑战那些习以为常的事物。而这种思维方式将影响孩子的一生。"由此来看，人文教育，不只是单纯地向孩子传

授或灌输专业知识，而是一种着眼于人的教育，让孩子通过多思考来理智地做出判断，培养孩子正确的三观。

父母是爱孩子的，孩子也是爱父母的。家庭作为孩子成长中的第一个学习环境，是他以后走上社会能否与人和睦相处的基础。

爱因斯坦说："用专业知识教育人是不够的，通过专业教育，他可能成为有用的机器，但是不能成为一个和谐发展的人。要使学生对价值（即社会伦理准则）有所理解并产生热烈的情感，那是最基本的。"对于孩子来说，知识和技能通过努力学习可以获取，但是如何在社会上和他人愉快共事，需要父母在他小时候就对他进行人文教育。

袁隆平是我国伟大的科学家，为了完成"让全世界人民吃饱"的心愿，他一生致力于对"杂交水稻"的研究，不但解决了我国14亿人的吃饭问题，还为解决世界粮食危机做出了巨大贡献。

在工作中，袁隆平高风亮节、大公无私、执着探索、兢兢业业、一心一意地带领团队搞科研；在生活中，他保持着勤俭节约、艰苦朴素的优良作风。堪称是学品、人品俱佳的科学家,这也是他赢得全中国甚至于全世界人们赞扬、尊重和爱戴的原因。

袁隆平能够在科研上取得如此大的成功,跟他小时候接受的家庭教育有很大的关系,特别是母亲对他进行的人文教育。他曾经说过:"这辈子对我影响最深的人就是妈妈!"

袁隆平出生于知识分子家庭,他有一个哥哥,三个弟弟和一个妹妹。父亲袁兴烈是一位正直爱国的知识分子,曾经在国民政府铁路局任职。母亲华静自幼在英国教会学校读书,能讲一口流利的英语,高中毕业后担任小学教师。

在袁隆平的记忆里,他的母亲是"知书达理、慈爱贤惠"的人。他说:"母亲是当时少有的知识女性,我从小就受到她良好的熏陶。她对我的教育影响了我一辈子,尤其在做人方面,她教导我做一个有道德的人。她总说,你要博爱,要诚实。"

受母亲的影响,袁氏兄妹在很小的时候就学英语。正是得益于早期学英语,为袁隆平后来研究"杂交水稻"时查阅外文资料打下了基础,他能看懂别人看不懂的英文资料,他能知道别人不知道的国外专家和专业知识。

袁妈妈很注重对孩子进行人文教育。她说："孩子的智商如同一座宝库，品德和情操是打开这座宝库的钥匙。"她在给孩子们讲历史故事时，并不是一味地进行知识传输，而是会详细地谈到做人的美德，把道理跟故事加以结合。这种教育不只是"记忆"和知识的灌输，而是对孩子"思维"的训练和"价值观"的培养。

有一次，袁妈妈给孩子们讲萤火虫的故事，在讲到囊萤夜读时，袁隆平就问萤火虫后来去了哪里？她让袁隆平通过思考和探索寻找答案。这种教育方法能激发孩子的想象力。

袁妈妈酷爱德国诗人、哲学家尼采的作品，当袁隆平蹒跚学步的时候，她就给他读尼采的书。在她的分享和朗读中，尼采诗中的佳句和超人的哲学观点，深深地影响着年幼的袁隆平。

袁隆平常说："失败了不气馁，找到原因从头再来就是啦。"他这种不服输的精神，乐观开朗的性格，对于生命的激情和热爱，正是母亲送给他的最好的成长礼物。

袁爸爸非常爱国，当年台儿庄战役时，他用群众的捐款和自己全部的积蓄购置了580把钢刀，并冒着生命危险把钢刀送给西北军的大刀队。

受父亲的影响,袁家几个孩子从小在心中植入了爱国的种子。

当年袁隆平报考大学时坚持选择学农业的目的,就是为了让中国人吃饱饭。父母起初心疼他每天下田观察水稻太辛苦,但看他决心很大,就给予了尊重和支持,并嘱咐他学有所成后,要利用自己所学的专业知识为国家和社会创造价值。

袁隆平记住了父母的教导,他在大学毕业分配志愿书上写道:"哪里最艰苦,祖国最需要,我就去哪里,一生无悔!"

上大学时,袁隆平算不上学霸,成绩也不突出。但他是一个爱动脑筋、爱提问的学生。对于当时学习的理论,他没有盲目相信,而是不断地向老师提出质疑。特别是在他准备研究的杂交水稻这一方向,提出的疑问最多。

其实,对当时权威的观点发出疑问,这在国际上是冒着很大风险的。尤其是一名大学生敢怀疑老师、怀疑科学家,这需要很大的勇气。但就是这种敢于用科学的观点怀疑权威的勇气,成就了这位伟大的科学家。

袁隆平爱思考、追求真理、不断探索、迎难而上、勇攀高峰的创新精神，以及心怀苍生的情怀，既有母亲对他成长过程中进行的"诗和哲学"的熏陶，也有父亲向他灌输的"为国家和社会创造价值"的爱国教育，才让他把热爱的事业和自己的世界观、人生观、价值观加以完美结合和高度统一。

人文教育是对孩子综合素质的培养，能让孩子成为一个有独特个性、有智慧的人，满足人生的多层次需求。因为孩子通过掌握知识或技能，只是单一获得谋生的工具和手段，而人文教育则是精神的涵养。从人文知识中，孩子既得到良好文化的熏陶，还能学到为人处世的经验，从而能够与他人合作共赢，同时还让自己从容自若地享受生活的乐趣。

孩子的这种智慧单从学校里的教科书中是无法获得的，需要父母长年累月的影响和引导，让孩子亲身探索，带着思考来学习中外古今历史，在博学的基础上多想多悟，能激发他的学习力、想象力。所以，在家庭教育中，孩子要健康全面地成长，离不开父母对他进行道德、技能、学识等全方位地教育。

泰曼·约翰逊说："成功的家教造就成功的孩子，失败的家教造就失败的孩子。"一个孩子的前途和命运,与来自家庭的教育息息相关。而成功的家庭教育就是让孩子拥有正确的三观,即人生观、价值观、世界观。

三观是一个人对世界、对人生的基本看法和根本观点,也是一个人最基本、最重要的精神支柱。正确的三观有助于发展孩子的个性,让他在学习、工作上受益,充实而有意义地过好自己的一生。

(1)人生观

人生观是人们对关于人生目的、态度、价值和理想的根本观点。让人们懂得什么是人生、人生的意义、怎样实现人生的价值等。其具体表现为苦乐观、荣辱观、生死观等。人生观是每个人在实际生活过程中逐步产生和发展起来的。

德国著名哲学家雅思·贝尔斯说:"教育的本质就是一棵树摇动另一棵树,一朵云推动另一朵云,一个灵魂召唤另一个灵魂。"

家庭教育,就是父母给孩子传递一种正确的人生观念和信仰，父母通过以身作则来唤醒孩子幼稚的心灵，用真实行动培育它、熏陶它、影响它，让它生根发芽、枝繁叶茂。

（2）价值观

价值观是指一个人对周围的客观事物（包括人、事、物）的意义、重要性的总评价和总看法。而对诸事物的看法和评价在心目中的主次、轻重的排列次序，称之为价值观体系。价值观和价值观体系是决定个人行为的心理基础。

在孩子的成长过程中，父母作为先入为主的教育者，要传递给孩子正确的价值观，这样他在跟周围形形色色的人接触时，就不会轻易被引诱而误入歧途。

（3）世界观

世界观建立在一个人对自然、人生、社会和精神的科学的、系统的、丰富的认识基础上，包括自然观、社会观、人生观、价值观、历史观。世界观不只是认识问题，还包括坚定的信念和积极的行动,以及道德标准。

所以,父母要在孩子的少年时期,帮助孩子建立正确的世界观,教会他客观地看待世界,让他学会分辨善恶美丑,提防身边的坏人。同时让他知道,社会很单纯,复杂的是人,但他可以选择做一个什么样的人。

3. 大爱家风，塑造孩子良好的性格

所谓"家风"，顾名思义，就是一个家庭中的风气，以及家庭成员养成的生活习惯。一般是指父母或祖辈通过教导和身体力行，用来约束和规范家庭成员的风尚和作风。

一个家庭中最美的家风能够传承下来，是因为祖上有为国家、为社会做出过功绩，或者是祖上树立清廉淡泊的名利观并以身作则，为后代子孙留下了珍贵的精神财富。

俗话说，家风修身，家训育人。积极正向的家风能形成一种文化理念传承下去，让家庭成员从小沐浴着道德的光辉成长。在经过正向的家风文化洗礼后，孩子就步入了健康成长的轨道。

对于孩子来说，家风体现的是一种大爱精神，让他从小明白爱是一种包罗万象的情怀。既爱自己的父母和家人，也要爱自己的国家和天下人，这种爱需要宽广的胸怀和气度。

无双国士、两弹元勋邓稼先是著名核物理学家，也是我国核武器研制工作的开拓者和奠基者，为中国核武器、原子武器的研发做出了重要贡献。

为了完成国家交给他的神圣使命，他选择舍小家，为祖国隐姓埋名28年，把毕生的精力和才华全部奉献给他深深热爱的国家。甚至于在他生命的最后时刻，说出那句令人感动的话："假如生命终结后可以再生，那么，我仍选择中国，选择核事业。"即便是临终遗言也是挂念深爱的祖国，他说："不要让人家把我们落得太远。"

邓稼先为国奉献的精神，影响着后人。而他在中国科学界做出的伟大成就，与他邓氏家风的传承密切相关。

邓稼先出生于书香世家，先祖邓石如是我国清代书法家、篆刻家，邓派的创始人；祖父邓艺孙是清末教育家，曾任安徽教育司长；父亲邓以蛰是现代著名美学家、艺术理论家。

邓以蛰饱读国学经典，满腹学识，热爱祖国，一生致力于教育事业。由于他经历过清朝腐败和八国列强侵华战争，所以，他把"中华民族的振兴，祖国的强盛"当作自己毕生的愿望。年幼的邓稼先受父亲影响，心中也种下了爱国的种子。

1937年，日本侵略北平，公然在街上召开"庆功会"，并强行要求居民参加。日本兵嚣张跋扈的行为，令13岁的邓稼先十分气愤。他一气之下把一面日本国旗撕碎扔在地上当众踩了几脚。

这件事在当时颇为轰动，有汉奸认为邓稼先公然挑衅日本人，就带人到学校抓他。校长为保护自己的学生，把汉奸拒之门外。为安全起见，事后邓以蛰让女儿带邓稼先南下昆明求学。

在动荡的年代，面对两个要离家避难的孩子，邓以蛰千叮咛万嘱咐，他对邓稼先说："稼儿，你以后一定要学科学，不要学文，科学对国家更有用。"父亲这句话，成为邓稼先求学路上坚强的信念。

身为爱国知识分子，邓以蛰之所以让邓稼选择学科学是有原因的，因为从事多年的教育经验告诉他，国家此时最需要的是科技人才。

邓稼先一边熟读中华传统文化经典，一边刻苦钻研数学。有过海外留学的父亲鼓励他学习英语，将来到国外学成后再回国做贡献。于是，邓稼先便苦学英文。就这样，在家庭的影响下，邓稼先对中西文化加以融会贯通，加上善于思考，使得他的思想比同龄人要成熟。他很欣赏屠格涅夫的一句话："不要做语言的巨人，行动的矮子。"

当时，他认为中国若想从列强的欺压中解放出来，必须依靠中华儿女脚踏实地的奋斗。他26岁就取得美国普渡大学物理学博士学位，人称"娃娃博士"。拿到博士学位后，他婉言谢绝了美国校方和政府许以重金的挽留，义无反顾地回国效力。

邓稼先留给后人的"财富"，不只是以身许国的奉献精神和忘我的工作状态，还有他在繁忙的核弹研制工作之余对孩子进行的爱国教育，把大爱的家风得以传承下去。

女儿去美国读研前,他特意带女儿一起看了一部《走向深渊》的电影。

这部电影讲的是埃及女大学生阿卜莱在法国巴黎文学院求学期间,以色列情报部门看她贪图享受、追求奢侈的生活方式,就花重金买通她。她利用在火箭基地工作的男友给敌国搜集情报,为了一己私利走向出卖国家利益的深渊。

女儿很快领悟了父亲的用意,坚决地说:"不管在什么时候,我们国家的利益永远高于一切。"

因从小受父亲俭朴生活的影响,去美国前,她考虑到国外物价高,生活用品以及衣服全部从家里带过去。在美国读研究生期间,她铭记父亲教诲,高调学习,低调做人。

邓稼先的儿子选择的是机械制造业。他完全继承了父亲俭朴的生活态度和勤勉的工作作风,清清白白做人,踏踏实实工作。多年来他刻苦钻研自己的专业,在领域内卓有建树,为建设国家贡献了自己的一份力量。

每次回忆父亲,他总是说:"在我父亲身上,我看到了老一辈知识分子的坚持与执着。我在父亲那里学到了一种平凡而安静的生活态度。"

他把父亲传给他的"爱国"家风传给了他的孩子,他说:"做科研,一定要受得了清苦,着实不容易。我的孩子在上学时我就对他说,要真想做科研,得费些力气。"

这就是大爱家风的精神风范,用小家传大爱。这样的家风,会让孩子时时谨记学习的目标,同时以淡泊的态度对待生活中出现的各种诱惑。这种家庭出来的孩子比较独立自主,做事情也会踏踏实实、竭尽全力。

家风质量高低对于孩子的性格塑造有着重要影响。在良好的家风环境中成长的孩子,性格温和,情绪稳定,他们对生活乐观、自信、坚强,在遇到问题和困难时,能够保持积极的心态来应对和解决。

我高中时的班长,有一副爱帮助人的热心肠。班里哪个同学遇到困难,他会第一时间伸出援手。老师和同学都很喜欢他。

班长学习很努力,学习成绩中等偏上。他从来不自暴自弃,考好了不骄傲,考差了不怨天尤人。高中三年,他的学习成绩一直稳居于班里前二十名。

高三时，班里有几位同学以学习紧张为由，拒绝再担任班干部。他不但没有推掉，反而代替他们做起了不属于他的"工作"。

有同学问他，不怕影响学习吗？他笑着打趣："我的学习成绩再努力也就这样了，不在乎这几天。而且学习是长期性的，哪怕考上大学也得学习啊。我做的这点小事情，举手之劳，晚上少睡会儿觉就省出来了。"

高考结束，我们到他家找他玩时，他正跟着父母在酷热的田间帮邻居干活儿。他的邻居无儿无女，年纪又大了，身体也不太好，平时就靠他们一家来帮衬。

看到我们的到来，他父亲热情地招呼我们在地头树下歇息，他母亲则提前赶回家给我们做饭。他高兴地说："你们来了，我干劲更足了，等我把地耪完了，再陪你们玩。"

他们一家人乐观助人的精神感染了我们，大家纷纷下地帮着干活。此时，我们终于找到班长受大家欢迎的原因，是因为他生活在善良勤劳助人的家庭里。

班长考取的是一所师范大学。教书育人，是他多年的梦想。现在，他在当地一所中学担任校长，他的为人深受家长拥戴、学生敬佩。

没有空洞的说教，通过身体力行、尽己所能默默地帮助周围的人，为孩子创造和睦、互助的成长环境，这样的父母即便没有高深的学识，同样能够在无形中影响和塑造孩子的性格，让他变得阳光开朗、乐于助人。

法国学者波达斯说："人的观念、标准，深受家长影响，并根植于脑海。"拥有好家风的家庭，孩子不一定全部成才，但是一个有德有才的孩子，一定接受过良好家风的熏陶。而且，当一个家庭成员都拥有纯朴善良、勤俭持家、勇于负责的美德时，即使孩子不能成就大事业，也能够收获平安快乐的生活。

家风是能够改变的，父母在家庭中可以用以下行为影响孩子。

（1）保持勤俭善良的美德

勤俭善良是中华民族的传统美德。如果家庭成员身上具备这种品质,就会在无形中调动孩子的积极性,久而久之,他也会具备这种品质。

(2)做到相互尊重、体谅

《礼记》中说:"父子笃,兄弟睦,夫妇和,家之肥也。"对于不谙世事的孩子来说,家庭是他第一个接触的环境,也是他认识世界的通道。当他看到父母对老人尽孝,对工作尽责;对国家尽忠,对外人和善时,他就会用积极的态度面对生活。当他跟他人相处时,也会学着父母那样尊重、体谅他人。

(3)通过沟通交流营造和谐氛围

安德鲁·葛洛夫说,"我们沟通得很好,并非决定于我们对事情述说得很好,而是决定于我们被了解的有多好。"家庭的融洽需要家庭成员之间通过交流相互了解,这样才能及时消除彼此之间的隔阂。而良好的沟通不但让家人之间能够深入了解,还能营造和谐温暖的氛围。

父母在家里要用真诚、温和的语言表达自己的观点,通过好好说话拉近双方的距离。正如温·卡维林所说，推心置腹的谈话就是心灵的展示。对家人维持一种谦和的态度，力求做到"不失色于人，控制情绪"。

（4）打造良好的家庭文化氛围

家庭文化氛围有助于孩子养成良好的学习习惯。而这种氛围是父母营造出来的，比如，父母抽时间带孩子到书店、图书馆、博物馆、电影院、展览馆等地方，一起寻找与阅读和学习相关的知识时，能够激发孩子的求知欲，也可以陪孩子玩游戏、骑车、打球、到郊外旅游等。让孩子在玩乐中开阔视野，既增进亲子之间感情，又能丰富孩子的课外知识。

4."圆梦"之爱,寒门也能出贵子

林语堂说:"梦想无论怎样模糊,总潜伏在我们心底,使我们的心境永远得不到宁静,直到这些梦想成为事实。"梦想是生活的动力,让我们在困难和挫折面前无所畏惧、勇往直前。

对于孩子来说,梦想如同他成长路上的明灯,为他指引前进的方向。特别是在他漫长的学习生涯中,拥有梦想的孩子会有强烈的学习兴趣和较强的自觉性。

很多优秀的学子,他们出身寒门,自小生活的环境是教学条件一般的学校和贫困的家庭,他们在学校时刻苦读书,放假则是回家帮父母干活,把休息时间用来学习。

虽然没有任何可以利用的教育优势，但他们却凭借着孜孜不倦的学习毅力考入心仪的学校，学有所成后从事自己热爱的事业，为社会和国家做贡献。

这些通过不懈的努力圆自己梦想的"寒门贵子"，背后都有一个有"梦想"的家庭。

徐州新沂的刘万中和妻子董振荣是地地道道的农民。他们用勤劳的双手、吃苦实干的精神，依靠耕种几亩地的微薄收入，为国家培养出三个博士生，其中有两个孩子圆梦清华，而没有上清华的那个孩子被学校派到英国伯明翰大学深造。

当年家里最难的时候，是夫妇俩把一年的收入给长年生病在床的老人买药后，却交不起几个孩子的学费。为了供孩子上学，他们向周围的亲朋好友借钱借到不好意思张口。

三个孩子说，他们从记事起都没有和父母同桌吃过饭。每次吃饭前，父母总是说"不饿"。后来他们才知道，父母是担心他们吃不饱，总是让孩子们先吃，他们就用剩菜剩饭对付一口。

尽管经济情况如此糟糕，父母仍然教导他们："多上点学，才会有出息。"并且把这种教育理念植入到孩子思想中,让他们懂得学习是自己的职责。

正是在父母"读书才有出息"思想的灌输下,三个孩子自小就发誓,通过刻苦学习圆梦向往的清华大学,让自己将来成为有出息的人。

因为心中有梦想,他们不惧家庭因经济拮据面临的困难。姐弟三人初中时开始住校,伙食费成为家庭的一大开销。为了让孩子少花钱也能吃饱,父母把三个孩子一周的生活费标准定为20元,让他们每周都带上几斤小麦到学校。

女儿心疼父母,她每周想方设法地节省下5元钱交给父母,这样她一周只花15元生活费。两个儿子正在长身体,饭量大,父母就给他们加到20元。有时还会给最小的儿子增加几块钱。

父母用心良苦的"精打细算",孩子们都记在心上,明白父母这么做是为了确保姐弟三人都能接受教育,让他们通过学习圆自己的梦想。

二儿子性格内向,但观察能力强,心也很细,有一次周末回家,他看到桌上他们离家时父母炒的咸菜还没有吃完,就猜出父母这一周就吃剩菜了。他问母亲原因，但母亲找借口搪塞过去。

那年寒假，二儿子回家时竟然带回一串猪肝，让母亲给爷爷补身体，剩下的再炒一盘全家吃。母亲十分吃惊，因为儿子还没有能力赚钱，担心他偷钱，她就着急地问儿子钱的来路，二儿子如实回答，他知道父母为了供他们上学经常吃剩饭剩菜。所以，他就每周从生活费里省下一块钱，用攒下的钱买的猪肝。父母听后因心疼孩子而掉下了眼泪。

为生活疲于奔波的父母很少过问孩子们的学习情况，他们只负责付出爱和食物，用自己对待生活的态度告诉孩子，再苦再难的生活，只要不怕吃苦，通过实干才能越来越好。受父母影响，孩子们学习方面十分自觉。每次放假回家，他们白天帮助父母下地干活，晚上别人休息时再学习。

大女儿先是考了扬州大学，后来报考清华大学硕士研究生；二儿子想早点毕业挣钱分担父母的养家压力，高考时选择了容易就业的专业，考的是淮海工学院，因为学习成绩出色，在学校硕博连读后被学校派到英国伯明翰大学深造；小儿子本科考的是北京航空航天大学，之后顺利考取清华大学的博士。

孩子们上大学后,都办理了助学贷款,女儿还从当地政府奖励的 3000 元助学金中,拿出 2500 元给爷爷治病。和姐姐一样,两个弟弟也依靠助学贷款完成大学学业。在校期间,三个孩子放开手脚参加勤工助学,当家教、打零工,生活费全部通过自己的劳动来赚取。

刘万中夫妇看到三个孩子在国家培养下能为社会做力所能及的贡献了,这让他们感到十分欣慰:"孩子的成长离不开政府、社会对我们的帮助,三个孩子能完成学业,政府部门帮助我们很多,特别是新沂妇联,在学费上提供资助,我们也应该用自己的能力去报答更多的人。"

因为三个孩子早年的上学费用是家里养的猪卖的钱。于是,夫妇俩决定养猪。在当地政府部门的帮助下,加上三个孩子的参与,他们开办了一个充满技术含量的现代生猪养殖场,初衷就是"用一颗公益之心去经营,用自己的双手去回馈社会"。

每年春节,三个博士回家第一件事就是进猪舍、下农田,抢着做又脏又累的农活，邻居对他们赞叹不已。在三个孩子看来，父母帮他们在学业上"圆梦"，他们也要帮父母"圆梦"。父母的养殖社发展壮大，还在村里招了6名青年。

三个孩子不断地为父母的养殖社做规划：通过科学改造，养殖场拥有了生态猪舍、污水处理系统、沼气发电、猪粪发酵还田、生态农田果园等项目生态链。除此以外，他们把专业知识学以致用，开始制定养殖场产品注册商标、电商销售、生态观光农业等一系列发展计划。

父母的"野心"很大，规划的下一个目标是经营养殖社，为社会提供绿色生态食品，等具备一定的经济基础后，再组织、参加更多的公益活动。他们要用实际行动"回馈国家和社会"。

俄国伟大的文学家托尔斯泰说过，教育孩子的实质在于教育自己，而自我教育则是父母影响孩子最有力的方法。所以，父母教育孩子最好的方式，就是跟孩子同步学习，一起进步。

（1）为孩子指明学习方向

在孩子小的时候，父母要用浅显易懂的语言，告诉他学习的重要性，让他对学习保持敬畏之情，同时给他指明正确的人生方向，并给予足够的精神养料。让孩子懂得，没有什么可以阻碍自己追梦的脚步。

（2）教孩子懂得感恩

孩子成长过程中，他们会接受来自家庭、学校、社会等不同形式的帮助和支持。父母既要让他们理解自己辛苦养家的不易，也要感念老师的辛勤教导和同学朋友的帮助，同时还要记住是国家培养了他们，以及社会提供的安全环境，这些都是孩子需要报的"恩"。

（3）让孩子明白不同阶段的责任

父母要用行动让孩子明白，学习是人生的起点，通过学习各种知识，能让他做一个自食其力的人。同时让他知道，学更多知识、拥有更大本领的目的，是要承担自己的社会责任，用所学的专业知识和一技之长为祖国的建设发光发热。

5. 温暖的爱，给予孩子直面未知的勇气

每个人都是从孩提时代过来的，在童年时感受的家庭氛围，几乎影响着自己的一生。无论年龄多大，无论走过多少地方，儿时感受的来自父母温暖的爱，以及跟家人围坐在一起聊天的一幕，会让我们终生难忘。

已故的国学大师曾仕强老先生，在八十多岁高龄时坚持讲课宣传中华文化。他每次提到跟父母相处的往事时，总是充满自豪和骄傲，其幸福之情溢于言表。

有一次，一只老鼠跑进屋里，曾仕强看到妈妈吓得"啊"的一声大叫后躲了起来，爸爸见状勇敢地站出来撵跑了老鼠。

事后,他问道:"爸爸,你不怕老鼠吗?"

爸爸说:"怕啊,怎么不怕?但是我要保护妈妈啊。"

听了爸爸的话,让他觉得自己也是男子汉,以后也要保护妈妈。

曾妈妈性格温柔,身上具有中国传统女性的美德,她温柔、善良、勤俭节约,每天在家操持家务,上孝公婆,下爱孩子,跟曾爸爸相敬如宾。

在这严父慈母的和睦家庭里,曾家孩子沐浴着爱的光辉健康成长。

因几个孩子尚未成年,家里花销大,只有曾爸爸一个人赚钱养家。日子虽然过得很拮据,但是一家人相亲相爱,父母支撑的家是孩子们温暖的港湾。

每次家里经济遇到困难时,曾妈妈从来不会抱怨,而是温和地对曾爸爸说,家里的钱只够全家半个月的花销。曾爸爸听后,就会想办法去解决。

目睹着父母恩爱的相处模式,孩子们觉得安全感十足。

曾仕强大学毕业后,有段时间工作不顺心,让他萌生辞职的打算,又担心没有收入影响到家里。父母得知他的顾虑后，给予的是理解式的支持，爸爸对他说:"我们一生中要遭遇的挫折多着呢，失业怕什么，大不了咱家里再添双筷子。"

妈妈一边点头，一边用疼爱的眼神鼓励他，给予他信心。

爸爸贴心的话和妈妈爱的目光，让他心里充满温暖，瞬间让他拥有了巨大的力量。后来他到国外留学回来，一边在大学当老师，一边致力于对国学文化的研究。他的选择都得到父母的支持。特别是他与国学结缘，就是听从了父亲的建议。

美国文学之父华盛顿·欧文说:"让孩子感到家庭是世界上最幸福的地方，这是以往有涵养的大人明智的做法。"因为父母对孩子的关爱与支持，父母用爱给孩子营造的家庭环境，不但是孩子树立信心的关键环节，还为他未来的发展提供了坚强的后盾。

家庭教育贯穿着孩子成长的大部分时间，父母温暖的爱给予他直面未知的勇气，让他用自身的奋斗打开更广阔的天地。美国心理学家卡明斯说:"孩子会非常关注父母之间的情感互动，并以此作为判断家庭环境是否安全的依据。"父母相爱的家完整、牢固，任凭外界多大的风雨，任凭孩子在外受到多大的委屈，只要回到家看到父母的笑脸，他立刻会变得坚强起来。

父母之爱，最能给予孩子力量。世界很大，但孩子只在乎家庭的温暖。有父母的支持，他们才敢于挑战自己的极限，不怕困难和挫折，失败了从头再来。有这样的拼劲，孩子不成功都难。

每个孩子像一株幼苗，需要父母教育、陪伴的阶段其实很短。这个阶段，他们需要父母和家人的关爱、呵护。国学大师曾仕强的几个孩子都很优秀，在讲到家人之间的感情时，他说，一家人一定要相亲相爱。

他的大女儿在大学里因学习成绩优异获得奖学金。回家后，女儿高兴地对他说："爸爸，我得到一笔奖学金。"他笑着对女儿说，分给弟弟吧。

女儿不同意，说："奖学金那么少，分了就没有了。"

他说："你错了，正因为少才要分，多了我们就都拿走了。"女儿一听很有道理，就把奖学金分给弟弟们。

事后她才知道，她把奖学金分给弟弟时，上学的弟弟正需要钱，可谓是"雪中送炭"，让弟弟觉得姐姐给他的是爱，是姐弟情分。

后来，弟弟们的事业发展得好，赚到钱后，第一时间也会分给正需要钱的姐姐。姐弟之间，真正做到了相互帮助。

曾仕强得出的总结是：中国人的亲情可贵在懂得分享，这才叫作亲人，就是要互帮互助，否则跟外人有什么区别？

罗素说，作为一个人，对父母要尊敬，对子女要慈爱，对穷亲戚要慷慨，对一切人要有礼貌。一个人如果懂得爱自己的家和亲人时，他就会听父母的话，规规矩矩做人，因为他知道自己代表的是一个家庭或是父母的形象。

爱是一种神奇的力量，能温暖孩子稚嫩的心灵，帮助他更好地成长，同时还会让孩子对父母更信任。所以，在家庭教育中，父母对孩子付出爱，是最好的教育方式。萧伯纳说："家是世界上唯一隐藏人类缺点与失败的地方，它同时也蕴藏着甜蜜的爱。"在爱的浸润中长大的孩子，不但会爱自己的父母，也会把他的爱洒向他的周围。

一个不缺爱的孩子，才会没有后顾之忧地去学习、去施展自己的才干。如果你爱自己的孩子，就携手你的爱人，用爱为孩子筑起温馨的家。

（1）摆正自己的位置

在一个家庭中，父亲和母亲称谓上不同，分工也有所不同。父亲作为家里的顶梁柱，不只是给孩子提供物质的保障，还要对他进行意志和品质的培养。所以，父亲要用自己日常的行为和言行，让孩子懂得责任、义务、担当；母亲和孩子相处时间最长，负责的是孩子的饮食起居等琐碎事情，这就需要母亲具有一颗伟大的包容心，这种包容不只是对孩子，还要对爱人、对家庭的每个成员给予包容，以维持家中和谐的局面。

（2）给予孩子高质量的陪伴

高质量的陪伴更多的是一种精神陪伴。现代社会，每个人都面临着来自生活、工作的压力。很多母亲也有自己的工作,有的比父亲还忙。但是,既然为人父母,就要对孩子负责。在陪伴孩子时,父母要放下手机,做到真正的陪伴,哪怕只是听孩子讲讲他在学校发生的事情,或者是跟他聊聊他感兴趣的话题等,这种交流都能增进亲子关系。

(3) 给予孩子有分寸的爱

对孩子的要适度,过度了就是溺爱。所以,父母爱孩子要有分寸,给他一定的自由,早点放手让他做自己生活的主人,让他按照自己的意愿来安排和规划他要做的事情;给孩子一定的空间,允许他有自己的小秘密。

(4) 尊重孩子的选择

孩子是独立的生命个体,也有属于自己的小心思。对于孩子生活和学习上的选择,父母要认真听取,如果不赞成,可以说出你们反对的理由,或是提供给他好的建议,一定不能强行干涉。在尊重他选择的基础上加以引导,如果他执意不听,就给予支持。有时候孩子走走弯路,也是另一种形式的成长。

第 2 章

良好的道德品行，才是成才的关键

蒙养之始，以德育为先。

——康有为

1. 有"德"有才，方有作为

当下很多父母为了让孩子在未来社会中更有竞争力，他们几乎把所有的精力用在培养孩子智能、才艺、分数方面，而对孩子的品行则置之不理。

著名书法家林散之先生说："有德有才会爱才，无德有才会嫉才，有德无才会用才，无德又无才会毁才。"可见，一个德才兼备的孩子长大后不但能发挥才干为国家和社会做事情，还懂得爱才和用才。这样的孩子，在他人相助下更容易成功。如果无"德"，哪怕他才高八斗，也很难在社会上立足、成事。

古今中外很多事例告诉我们，为人之本是一个人的"德"。

可以说，"德"是我们做人做事的基础。孩子只有在道德培养已然完成时，再通过学习知识、发挥自己的特长，才能够有所作为。

我国历史上著名的史学家、政治家、思想家、文学家司马光，被后人尊为一代贤臣。他为官清廉，虽身居高位，却忧国家社稷、心系百姓，是受人爱戴的好官。其品行正如他所说："事无不可对人言。"

司马光清廉品德的养成，跟他小时候接受的良好家庭教育有很大的关系。他的父亲司马池性格刚直不阿、严以律己，在生活中十分节俭，为官期间因清正廉洁而受世人尊崇。

司马池出身富有的名门世家。幼年丧父的他跟着母亲生活。他小小年纪就懂事好学，把数十万贯家财全部让给伯父、叔父后，就一心一意读圣贤书考取功名。后考中进士做永宁县（今洛宁县）的主簿。他刚正朴素，在生活中严格要求自己，平时吃的是粗茶淡饭，上下班骑一头毛驴。偶尔会用自己种的菜在家待客；在工作中他不畏权贵，将"为官一任造福一方"根植在心，力求做到"为国家分忧，为百姓解难"。

敢于担当、勇于为百姓着想的司马池，深受当时的皇帝宋仁宗的赞赏，为此多次让他担任重要的职务。他所到之处，都留下了良好的政声。

司马池为官廉洁奉公，为父则是慈中有严。司马光的伟大历史成就，跟他的教导息息相关。六岁时，他就教导司马光读圣贤书，并给予耐心地讲解；七岁时，司马光就能把《左氏春秋》全部背下来，而且能理解书中的意思并讲出来。

良好的家庭教育熏陶，让司马光在很小的时候就表现出与年龄不符的睿智，他会把在书中学到的知识融会贯通到生活中，而他"砸缸救友"一事，更是流传千古。

司马光的渊博知识和智慧，一方面来自他的好学乐学，另一方面是父亲对他刻意栽培。诚实聪明、乖巧懂事的司马光，是父亲的骄傲。

司马池每次出门和好友聚会都要带着司马光。父亲的耳濡目染，让司马光在知识和见识方面都"凛然如成人"。当时官场上的贤臣对他十分赏识和喜爱。

正是因为良好的家庭教育环境，才造就了历仕四朝而又政绩卓著的司马光。司马光的另一身份是教子有方的好父亲。

司马光的儿子叫司马康。司马康小时候，有次读书翻书页时用指甲抓书的一幕被司马光看到。司马光是一个爱书惜书的读书人，他担心儿子这样翻书会损坏书，就耐心教育儿子：读书人首先要做到爱书，读书要先洗手，还要把书桌收拾得干干净净，在桌上垫上桌布；读书时，上身挺直，坐姿要端端正正，思想要集中，做到专心致志，不能走神；翻书页时，要先用右手大拇指的侧面把书页的边缘托起，再用食指轻轻盖住来揭开新的一页。父亲在读书方面的细致入微的教导，让司马康受益终身。

除了学习习惯，司马光非常注意对司马康品德的培养。他一直把生活节俭看成是与道德品质有着紧密联系的大事。他根据自己的亲身经历和所见所闻，以家书的形式写了一篇题为《训俭示康》的文章，教育儿子以俭为美德。

为了给儿子讲明道理，司马光在文中列举了李文靖、张文节等几个名人的真实事迹。司马康读着一段段真切动人的文字时深受感动，他领悟到父亲的良苦用心，在日后做事情时会严格按照父亲的教导去做。

在平时生活中，司马光更是用实际行动为孩子做表率。他一生光明磊落，洁身自好，生活简朴，不贪恋财物，秉公办事，不徇私情。司马光为官一世，从来没有为家人谋取过任何好处，一生为国为民、呕心沥血，百姓称他为"天下真宰相"。他的为官、为人的美德深深地影响着孩子。

司马康没有辜负父亲对他的期望，一生都按照父亲的教导来做人、做事、做学问，他把父亲当作自己的一面镜子，时时提醒和鞭策自己。他学识渊博，博古通今，历任校书郎、著作郎兼任侍讲。他为官廉洁、俭朴、自律，是一位有名的廉臣，在后世得到千古称颂。

司马家族中三代名人辈出的例子，充分说明家庭环境不但造就有德人才，更是以德育人的沃土。

古人云："仁者爱万物"。仁爱宽容是一种修养，是一种品质，更是一种美德。在家庭中，父母对于孩子在思想品质上的影响，要远远大于其他人对他的影响。特别是在孩子的幼年时期，这种以"德"育人的影响更为关键。

2003年"非典"时，67岁的钟南山院士不顾危险，亲自带领团队奔赴疫区指导医疗救治工作，甚至主动要求"把所有重症病人都送到我这里来"，为战胜"非典"疫情做出了重要贡献。

2020年，新型冠状病毒突然爆发，德高望重的钟南山院士在84岁时再次临危受命，出现在抗击疫情的第一线。人民日报评论他："有院士的专业，有战士的勇猛，更有国士的担当。"

有责任、有担当、有学识、有能力的钟南山院士出身于医学世家。他的父亲钟世藩和母亲廖月琴都是20世纪留美归来的医生。

父母对他的教育就是"活着的价值"。他回忆道："从小我父亲对我的影响还是挺大的。他说一个人在世界上，能够为人类留下点什么东西，那他才算没有白活。"

他的父亲一生致力于治病救人，在眼睛有疾病的情况下，仍然坚持写完《儿科疾病鉴别诊断》一书，为我国儿科疾病的防治事业做出了巨大的贡献。

正是父母在家庭中无意识的"价值"教育，深深地影响着他对待工作和生活的态度。同时，他也用同样的方式教导自己的孩子：要以德为学、以德立身。

他的儿子钟帷德继承他的衣钵，成为救死扶伤的优秀医生；他的女儿钟帷月则是游泳冠军，多次为国争光，曾刷新短池蝶泳世界纪录。

孩子的"德"是他日后立足社会的基础。有了"德"这个本，无论是他进入学校学习专业知识，还是在业余时间读书，对他都能起到融会贯通的作用。所以，父母教育孩子的首要任务是以"德"育人。

一个具有美德的孩子是家庭最好的福报。父母在家庭中教育孩子时，尽量注意以下两点。

（1）利用生活的点滴小事，培养孩子的好品行

古人说，"勿以善小而不为，勿以恶小而为之"。孩子小时候对"道德"没有清楚地理解，父母在告诉他们什么是应

该做的事、什么是不该做的事情时，还要留心自己的行为，比如，自己先要做到孝顺父母、做事有责任心、尊重他人、乐于助人等，用自己的良好道德品质来培养孩子的德行。

（2）通过跟孩子一起做事，培养他的美德行为

父母说百遍，不如跟孩子一起做一遍，比如，在家和孩子一起照顾老人；乘坐交通工具时，带头给行动不便的人让座；平时周围的人有需要帮忙时，主动伸出援手等，跟孩子一起把助人行为变成习惯。

2. 勇于负责，敢于担当

责任感，是一个人健全人格的重要组成部分，也是一个人日后能够立足于社会、获得事业成功与家庭幸福的至关重要的人格品质。正如卡耐基所说："一个人迈向成熟的第一步，应该是敢于承担责任。"

父母作为孩子的合法监护人，要想把孩子教育成对国家和社会有用的人才，必须在他很小的时候就培养他的责任感。

孩子的责任感是从独立做事中逐渐建立起来的。在生活中，父母要有意地让他承担一些力所能及的事情，既要给他犯错误的机会，又要让他承担犯错误的后果等，通过循序渐进的引导来提升他的责任感。

车尔尼雪夫斯基说:"生命,如果跟时代的崇高责任联系在一起,你就会感到它永垂不朽。"孩子只有在接受来自家庭中的"国之责任"的教育,才具有"国家兴亡,匹夫有责"的意识。

深受世人爱戴的周恩来总理以"无私、天下为公"的高尚人格,以及廉洁奉公和高风亮节的奉献精神,一直为后世所景仰。

早在少年时期,周恩来总理就把报效国家作为崇高责任感。这种责任感和他幼年时期接受的家庭教育密切相关。

他的生母万冬儿出生在官宦人家。万冬儿自小性格开朗、秀外慧中,为人处世落落大方,深受父亲喜爱。平时他外出办事,就会带上万冬儿。

机智聪慧的万冬儿通过跟着父亲做事,她很快从中悟出待人接物的处世之道。她发现,一个人要想更好地生存下去,必须学习文化知识。于是,小小年纪的她,在周围"女孩不能读书"的议论声中坚持到私塾学习。

因为接受过教育,万冬儿在嫁到已经衰落的周家时就负责周家的大小事宜，成为周家的主心骨。让周恩来总理记忆深刻的一件事是在他6岁时，有次外祖父家族中由于财产分配不均而发生激烈的冲突，娘家人就把他母亲请去调解。

万冬儿在综合各方的要求和想法后，立刻做出了令每个人都赞成的决策，轻而易举地就把矛盾化解了。

周恩来亲眼看着母亲从容自若地处理棘手的家务问题，不禁为母亲果断干练的行事作风所折服。而母亲的行事作风也令他受益终身。

由于叔父没有孩子，周恩来一出生被过继给叔父。养母陈氏出身于书香家庭，她自小就跟着当秀才的父亲学习传统的诗词文学、戏曲、绘画、小说和京剧。

叔父去世后，陈氏对周恩来视如己出，把所有的精力都用来教育周恩来，还给他讲岳飞等人的爱国故事，教他写字、背唐诗宋词等，送他去私塾读书。为此，周恩来在回忆录中写道："我一直很感激这位母亲，如果没有她的督促，小时候的我不会受到这么好的教育，我的所有文化基础都是因为她……我的性格中也有她的这一部分！"

周恩来10岁时，养母去世，受养母乐观和坚韧性格的影响，他用自己单薄的身躯肩负起照顾家庭和弟妹的责任。

周恩来的乳母蒋江氏是一位朴实善良的农民，他亲热地称她"蒋妈妈"。

勤劳能干的蒋妈妈凭借辛勤的双手，在周家后院种了瓜果菜蔬，供他们食用。在蒋妈妈耐心的传授下，他也学会了种植庄稼。几年的相处，让他们如同亲生母子，蒋妈妈多次带他到自己家里，让他早早地了解到劳动人民日出而作、日落而息但仍然食不果腹的辛苦生活，也让他体会到底层百姓生活的疾苦。

周恩来用蒋妈妈传授的种植知识带着弟弟们自食其力，把自家后院改成菜园来保障一家人的生活。为此，他在回忆中说道："我从她（指乳母蒋江氏）那里了解到劳动人民是如何生活的，她教会我大公无私。"

在周恩来总理一生中的关键阶段，三位伟大的母亲给予了他宝贵的成长养分：生母给他灌输的是为人处世、待人接物的智慧；养母亲自做他的老师，让他深刻地意识到读书的重要性；乳母蒋妈妈带他亲眼看到了真实的人间疾苦，为他以后走上让亿万穷人当家作主、自力更生的革命道路坚定了信心。这些成长中的养分，是优秀的家庭教育中弥足珍贵的精神食粮。

家道中落带来的生活艰辛和作为周家长子的责任感，培养了周恩来总理吃苦耐劳、坚韧不拔、甘于奉献的精神，为他以后肩负建设国家和复兴民族的重任奠定了坚实的基础。

百年大计，教育为本。一个国家或民族的繁荣发展离不开教育，这是亘古不变的真理。而对于一个家族和家庭来说，要兴旺发达，同样离不开教育。因为孩子接受学校教育的根基是家庭教育。只有根基打牢，他才能一路前进向更高的天地飞跃。

天之大，却无法让我们忘记那小小的家；世界之大，却难以掩盖在异国他乡拼搏的游子的思乡之情。"谁言寸草心，报得三春晖。"这种思国怀乡的情绪，是因为家庭在孩子童年时提供了生长的温床，给了他们温暖的烙印。

父亲挑着全家人生计重担的双肩，母亲没日没夜操持家务的瘦弱背影；不善言辞的父亲一句：好好学习；母亲略带疲惫的微笑的暖心之语：读书，才有出息……他们干活的情景就像一帧帧刻在头脑里的画面，他们充满关爱的叮咛像春风一样温暖着子女，无论孩子长多么大，无论走到哪里，这些画面和叮咛的话都会如影随形地跟着他们。

正是来自小小的家中父母絮絮叨叨的谆谆教导，才让孩子有了拼搏的动力、足够的底气和勇气，让他们明白刻苦学习既是为了自己和家庭的未来，也是为了在将来尽自己所能报效国家和社会，以此来实现自己的人生价值。

父母对孩子的教育理念和方法，在家庭教育中起着举足轻重的作用，是他们走向未来的指路灯。所以，父母要在孩子人生观形成的关键时刻，给予正确引领。

（1）培养什么人

孩子在没有成年之前，他们的很多思想行为习惯，都处于懵懵懂懂、黑白不分的阶段，因为认知有限，对外界的事物和人际关系，好奇中带着怀疑，他们爱这个世界却又不知道怎么爱，更不知道自己长大后做什么。

这个时候，父母要根据孩子自身的优点和关注点，让他明白，每个人长大后都要通过做一份职业来谋生和养家。并适当地引导他树立一个他感兴趣又有意义的人生目标，让他知道将来为什么奋斗，父母也就明确了自己应该往哪方面培养孩子。

（2）怎样培养人

当孩子有了奋斗目标，他就明白了学习的意义。父母在指导孩子生活和学习时，要依据孩子的真实情况制订方法来灵活运用，比如，孩子喜欢观察，多带他到动物园、博物馆等地方，以此来培养他观察的兴趣。

（3）为谁培养人

对于"为谁培养人"这个问题，虽然每个人在心里都有自己的标准，但是，让孩子成龙成凤，应该是天下大部分父母的心愿。父母的愿望是美好的，但是也要结合实际。可以针对孩子的特长加以指导，开发孩子的智力，即使他不能成名成家，也要做一个能够自食其力、承担家庭责任的人。

父母一定要记住，把孩子培养成身心健全的人，跟"成才"一样重要。

3. 忠孝教育，成才的基础

对父母尽孝是做人基本的准则。但在大部人对孝的理解中，就是在父母年老时尽自己的责任和义务，供养他们吃喝就算是尽"孝"了。

其实，真正的孝不只是对父母尽责任和义务。更多的是让父母安心、不让父母惦念。一旦我们心中有了这样的"孝"，就会不由自主地在日常生活中端正自己的心态。

古人说："百善孝为先。"就是说孝敬父母在所有的美德中占第一位。一个有孝心的人，因为心系父母，怕父母生气伤身，平时做人做事会格外注意，不敢有不当的行为。为了实现父母对自己成才的期望，他会认真负责地做好每件事情，力求获取荣誉，来为父母、为家庭、为家族争光。

当一个孩子有孝心时，会把爱父母变成行动。无论是学习还是做事情，他都会谨慎对待。在学习方面怕父母操心，他会认真学习；做事情时怕父母担心，他就不会去做伤害他人或是做违法乱纪的事情。

孝心，是孩子的美德，也有助于孩子成为国家的栋梁之材。

精忠报国的岳飞，本是普通的农家孩子。他的父母勤劳善良、待人和善。他们对孩子的教育就是好好读书，长大后为国家做贡献。

孝顺的岳飞从小就特别在意父母的感受，他把父母的话时刻牢记在心头，在少年时代就立下保家卫国的志向。在学习之余，他还熟读了《左氏春秋》《孙子兵法》等书。

为了激励儿子的爱国心，岳母在岳飞的背上用绣花针刺了"精忠报国"四个字，期望他将来报效国家。为实现母亲的愿望，岳飞不辞辛苦，在全国遍寻名师学习十八般武艺，堪称是文武双全。在青年时期，他的名声已经传遍全县。

岳飞对母亲的孝顺体现在方方面面，母亲生病的时候，他会亲自为母亲煎药尝药，并亲自送到母亲床前；母亲休息时，他连走路都要放慢脚步。

岳母刺字，体现了一位母亲要把儿子教育成国家栋梁之材的决心。岳飞也用"精忠报国"的实际行动践行了孝道。

岳飞的《满江红》更是表达了他对国家和民族的拳拳赤子之心。岳飞精忠报国的伟大精神流芳后世，成为中华民族世代相传的典范，是每个中华儿女学习的榜样。

岳飞既是爱国的典范，也是为家尽孝的典范。这就是孝的强大力量。

父母对孩子孝心的培养，会激发他刻苦学习、立志成才的决心。因为孝不只是一种美德，更是一种大爱。孩子因为爱父母，会谨记父母的教导；因为孝敬父母，会发奋图强为父母争来荣誉；因为想完成父母的厚望，会想着通过个人奋斗改变家庭的命运。如果父母教他爱家爱国、忠于家庭忠于国家时，孩子就会利用所学知识为国家和社会做出应有的贡献。

"孝"是坚定不移的信仰,是明确的目标,让孩子做任何事情都会拥有积极向上的动力。无论处境多么艰难、环境多么险恶,因为心牵父母,他们会想尽一切办法克服困难,最终化险为夷、柳暗花明,迎来成功。

刘秀祥"背母上大学"的经历,激励和鼓舞了一批批像他一样的孩子。

刘秀祥四岁时,作为家里顶梁柱的父亲因病去世,使原本贫困的家庭雪上加霜。他的母亲因受到打击而患上间歇性精神病,病情严重时连生活都无法自理。

当时,刘秀祥的两个姐姐和哥哥都没有成年。双亲倒下后,一家人艰难度日。刘秀祥十岁时,姐姐出嫁,哥哥和小姐姐离家外出打工后再也没有回家。穷困的家里只留下他和母亲。

为了维持母子俩的生计,刘秀祥把地租出去换些粮食。学习之余,他通过捡废品补贴家用。在县城上初中时因无钱租房,他就在学校附近用塑料搭棚子安家,以方便照顾母亲。上高中时,为了改善母亲的居住环境,他花钱租了一个废弃的猪棚。

十几岁的少年,既要靠业余打工养活母亲,还要不误学业。日子之艰难可想而知。但他从来没有抱怨过,白天听课、照顾母亲,晚上照顾母亲、学习,他的睡觉时间只有三四个小时。

每到假期,他白天到工地打工,晚上到饭店洗盘子。有次因为太过劳累,在工地上差点出事。最为艰难的是高考前几天,他因为营养不良和过度劳累而患病。为了省钱,他坚持不去医院,但带病参加考试导致发挥失常,他在第一年高考落榜。

刘秀祥第一次感到了绝望,在此之前,他憧憬着考上大学有了工作,就有钱帮母亲治病、改善母亲的居住环境。此时,美好的愿望落空了。

靠学习改变目前的困境,是他唯一的救命稻草。唯一的救命稻草断了后,他想到了放弃。在自杀前他回家想最后看一眼挂念的母亲,当他抱着母亲哭泣时,他感觉到母亲的手拍了拍他的背。这一拍,拍醒了他。

他走了,母亲怎么办?"我至少还有一个妈妈。至少有她在，我有一个家，有一个牵挂。"想到这里，他振作起来，翻看一路走来写的日记，其中有一句话鼓舞着他："当你在抱怨自己没有鞋穿的时候，回过头发现别人没有脚。"

带着对母亲的爱，他重新振作起来，决定复读一年。但是，因为凑不够学费，他被多所高中拒绝。后来，他用诚心打动了一所学校的校长，给了他免费学习的机会。经过一年的苦读，他考上了心仪的大学。他背着母亲又来到千里外的大学求学。

大学毕业后，为了让像他一样贫困的学生能有学上，他放弃了大城市年薪50万的工作，带着母亲重回贫困的家乡当了一名高中老师。

刘秀祥教的学生，大多来自贫困家庭，他经常把工资补贴给家庭困难的学生。为了鼓励因穷想退学的学生，他无数次走访贫困学生家庭，甚至不惜于自揭过去的"伤疤"进行公益宣讲。他用自身经历告诉学生：学习知识能改变命运。在他的感召下，上千名贫困学子通过刻苦学习考入高校。

刘秀祥的座右铭是：

"一个人的困难和挫折，并不是向他人或社会索取的资本。人活着不应该活得让人同情，让人可怜，应该是活着让人可亲，可佩，可敬。"

"我们接受高等教育的目的，是帮助家乡摆脱贫困，而不是摆脱贫困的家乡。"

如今的刘秀祥是他所在中学的副校长。多年来，他获得过很多荣誉：第二届全国道德模范提名奖；两次入选"中国好人榜"；贵州省五四青年奖章；2008感动临沂年度新闻人物；2009临沂市道德模范；2011中国大学生自强之星；2020年中宣部、教育部授予刘秀祥"全国最美教师"荣誉称号等。

是对母亲的孝心，锻炼了刘秀祥坚强的意志；是对母亲的孝心，让他走投无路时仍然选择正道；是对母亲的孝心，让他在逆境中成就梦想；是对母亲的孝心，让他有能力时回报社会……

古人认为"忠孝"是做人的基本素养。忠是立国之本，孝是立家之本。"忠"和"孝"是支撑着家庭、民族和国家的"大厦"，这两个字能让一个人以其坚定不移的意志力护家卫国。

国家明日的栋梁之材,是今天接受家庭教育和学校教育的孩子。他们是国家的未来与希望,而担负着培养和指引孩子重要责任的是今天的父母。

要想让"忠孝教育"根植孩子内心,让他们爱自己爱父母爱国家,以此激励他们发奋图强、努力学习来报效国家,需要父母为孩子提供忠孝的文化土壤。

(1) 把对长辈的"孝"付诸行动

孝,不只是体现在孝敬父母,还包括家庭中所有的长辈,父母平时不但要体贴、照顾自己的父母,还要关爱、尊重其他长辈。不要当面顶撞长辈,在长辈面前要礼貌、谦让,多做一些实质性的帮助。比如,帮助不能自理的长辈做力所能及的活儿;做好长辈交代的事情等。

(2) 让孩子看到你对工作的敬业

父母可以利用对工作的态度来影响孩子。比如,在家谈到工作时,少一些抱怨和负面情绪,多讲一些在工作中克服困难的事情。这样一方面让孩子明白父母赚钱养家的不易，也让他早点知道工作的艰辛，会让他将来走入社会有一个心理准备。

（3）陪孩子一起做家务

根据孩子的年龄，让他来参与家务劳动，比如，除了让他每天收拾自己房间外，择菜、洗菜、洗衣服、扫地、拖地等家务活也让他来做，当他亲身体验到家务活的烦琐、辛苦时，就能对父母的劳累感同身受。

（4）对孩子的正确行为及时表扬

父母要多关注孩子的行为，只要他做得好，就要及时做出表扬。比如，父母今天很累，看到孩子主动收拾碗筷，就表扬他有孝心，知道心疼父母了；当孩子自觉学习、写作业时，就表扬他懂事、不用大人督促就知道学习等。

4. 富养精神，远离"空心病"

所谓"空心病"，是指一个人由于价值观缺陷而出现的心理障碍，表现为对任何事物都没有兴趣、情绪比较低落，做事情没有激情，大部分情况下，感觉到自己的心是"空"的。

"空心病"的发明者是北京大学心理健康教育与咨询中心副主任徐凯文，他曾经亲自做过一项统计，在他调查的北大新生中，包括本科生和研究生，居然有30.4%的学生厌恶学习，或者认为学习没有意义。更令人惊讶的是，40.4%的学生觉得活着没有意义，认为自己"现在活着只是按照别人的逻辑这样活下去而已"，还有一种最极端的就是"放弃自己"。也就是说，有强烈的自杀意识和念头，但并不是真的想自杀。

通俗地讲，患有"空心病"的青少年，是物质上的富翁，精神上的乞丐。他们在生活上不愁吃穿，甚至于经济上还比较宽裕，但由于内心匮乏无力，导致精神世界极度空虚寂寞，找不到活着的价值和意义，做任何事情都没有兴趣。

要想让孩子远离"空心病"，就要让他做精神上的"富翁"。

2017年，庞众望以744分的高考成绩成为河北沧州市理科状元，被清华大学录取。开学前，校长亲自带人来到他家。当大家看到他们所住的简陋的房间时都惊呆了，校长更是流下了眼泪。难以相信，他的学习环境如此之差。

央视新闻频道《面对面》栏目采访庞众望时，透过屏幕，一个乐观自信、朝气蓬勃的大男孩向我们走来。

庞众望出生于1999年，父亲患有精神分裂症，精神时好时坏。母亲因患有先天性脊柱裂，双腿截肢后瘫痪在床，生活需要年迈的姥姥和姥爷照料。在这样一个夫妻患有残疾的家庭里，拥有一个身体健康的孩子，是全家人美好的希望，这也是他名字的由来。

如果说万事万物都有利与弊，那么穷困对人有利的一面，就是能磨炼人的心志，让人的意志更坚强。他们一家人勤劳善良、热爱生活、不怕苦和累，对帮助过自己的人怀有无尽的感恩。虽然家徒四壁，但一家人互相关心、齐心协力，让庞众望感受到这个家的凝聚力。

他从小目睹着亲人为生计辛苦的劳作，姥姥、姥爷下地干农活，爸爸外出打工，瘫痪在床的妈妈通过手工刺绣贴补家用，庞众望也耳濡目染，他五六岁时就学会了打扫房间、踩着凳子在案板上剁土豆，以及照顾妈妈洗漱、清洗便盆……

当同龄小伙伴在妈妈怀里撒娇时，庞众望已经学会了做家务和干农活。妈妈对他说，她小时候因身体原因没有机会上学，她这辈子最羡慕崇拜的就是书读得好的人。小小年纪的庞众望记下了妈妈的话，他心里发誓，将来一定好好读书为善良的妈妈圆梦。

入学以后，庞众望的学习成绩特别好。每天放学回家，他一边照顾妈妈一边写作业。

生活的考验没有停止，庞众望6岁时被确诊为先天性心脏病，手术费高达 40000 元，因为手术风险高，医生也不敢确保成功。

20 多年前的 40000 元不是小数目，尤其是对于一个一贫如洗的家庭，简直就是"天文数字"。周围人都劝庞妈妈放弃给孩子治疗。

为母则刚，哪怕再大的困难，也阻挡不住庞妈妈为儿子治病的决心。从不轻易向人开口求助的她决定在村里挨家挨户借钱。庞众望小心地为妈妈推着轮椅，当乡亲们把辛苦攒下的毛票借给他们时，庞妈妈千恩万谢。

妈妈的言行是孩子最好的榜样，庞众望瘦弱的身子不停地向村里人鞠躬以表感谢。村里人都很喜欢这个懂礼貌、乐观善良、坚强好学的孩子，尽其所能地帮助他们，很快凑齐了手术费。

庞众望的手术很成功，一家人在欣喜过后，走上艰苦的还债之路。为了替家人减轻负担，庞妈妈在轮椅上低头做活，手上扎的针眼孔密密麻麻。庞众望每次给妈妈洗脸擦手时都心疼地哭着说，妈妈不要做这活儿了。

妈妈温和地对他说，做活儿是为了赚钱还给帮助过我们的人，还可以给你买好吃的。庞众望虽然不太懂什么是"赚钱"，但是他心疼妈妈，于是利用放学时间捡废品补贴家用。

进入中学后，庞众望悟出"学习可以改变命运"。平时遇到不会的难题时，他记着妈妈的教导：面对问题时，要先解决面对的事情，再去做下一个。碰到特别难的题，他会花一天时间思考解决方法。

对于生活上的难题，庞众望也是如此。由于庞妈妈过于劳累，加上长期营养不良，导致她因严重贫血住进医院。此时他们刚还完庞众望40000元的手术费，这5000多元的治疗费确实拿不出来。而姥姥、姥爷已年迈，爸爸也生着病，庞众望挑起家里的担子。他像当年妈妈为自己向乡亲们借医药费那样，挨家挨户地借钱才凑齐了治疗费。他把借的每笔钱都认真地记在本子上。

妈妈住院期间，庞众望向学校请了假。那时，他每天在家和医院之间奔波，又挤出时间在医院附近的餐馆洗4小时的碗，用赚来的20块钱维持家用。

妈妈出院后，他推着妈妈向借他钱的乡亲一一感谢，承诺会尽快还上，对于乡亲们的恩情，他们会永远记着。

2014年，庞众望以优异的成绩考进县重点高中。高中期间，学校得知他的家庭情况后，为他免除了三年的学费。高中离家太远，他一个月才能回家一次。心细的他担心妈妈会想他，临走前会把写好的30封信交给姥爷，让姥爷每天给妈妈读一封信。在信里，他告诉妈妈要注意休息、加强营养等。

等姥爷给妈妈念完最后一封信时，他就回家了。

他的事迹经媒体宣传后，社会上很多爱心人士通过各种渠道联系到他，提出给予他们经济上的资助，但都被婉拒了。

庞众望说，作为出生在贫穷家庭中的孩子，他深知赚钱的艰辛，每个人的钱都是辛苦得来的。而且，清华大学为经济困难的学生提供了勤工俭学的机会，还有贫困生补助，自己年轻，有劳动能力。如果再接受他人的捐赠，心里会过意不去。

高考后的整个暑假期间，他选择打工赚学费。

采访最后，《面对面》栏目的主持人问他："很多在这样的家庭生长的孩子，会特别害怕和别人去讨论这样的事，不喜欢和很多人去讲（家中情况）。"

庞众望一脸平和地说道："我没有觉得我的家庭有哪一点

拿不出去,有哪一点不值得去讨论的。我妈妈那么好,我姥姥姥爷也那么好。我的每一个亲人都那么好,我的家庭哪里是拿不出去讨论的呢?我觉得他们应该羡慕。"

这就是庞众望的成长轨迹,出身贫寒家庭的他对生活充满爱,对未来更是充满激情。入读清华大学后,由于他对航空航天比较感兴趣,而近年来我国的航空航天事业发展前景比较广阔,国家也亟须这方面的人才,所以他填报了航空与动力专业,希望能为祖国贡献自己的一份力量。

妈妈多次对他说过,在最困难时,有乡亲和国家帮助,等他以后有出息了,一定要做一个对社会有用、为国家做贡献的人。

庞众望在大学里一边学习,一边通过课余时间参加勤工俭学和各种社会实践活动,像当年家人靠双手供他上学一样,他开始用双手赚钱养家。四年后,他以优异的成绩毕业,又直接取得攻读清华大学博士学位的资格。

他的笔记本里写着:"人生在世必遇患难;既然苦难选择了你,不如把背影留给苦难,把笑容交给阳光。"

这就是精神上的"富翁",他们的内心是丰盈的,每一天都有新的追求,每一天的生活都是充实的。对于精神"富翁"的孩子来说,未来充满神秘,唯有通过不停地学习和成长,才能有新的探索。生活对于他们来说是精彩无限、充满乐趣的。所以,精神上的富足,才是真正的精神贵族。

让孩子做精神"贵族",需要父母保持一颗平和心态,信任自己的孩子,不期望孩子超常进步,只要保持实力就可以了。

(1)帮孩子寻找学习乐趣

父母要让孩子知道学习的目的是寻找自我、探索人生的价值和意义。比如,通过学习文字,能阅读喜欢的书;通过学习喜欢的科目,能结识志同道合的同学;通过发挥自己的特长,找到更好的自己。等等。

(2)避免分数论,做好学习规划

人无远虑,必有近忧。告诉孩子,考试作为衡量学生学习成绩的工具，只是检验他一个阶段的表现，不必太在意，重要的是把知识学扎实。让孩子根据自己的实际情况做个学习规划，比如，制订一周所要达到的学习目标，或者是月计划、学期计划，更长远的还有他对未来的规划。有了长远的规划，孩子的格局也会随之变大，就不会斤斤计较眼前的得失。

（3）尊重孩子的选择

每个孩子都有自己的想法和兴趣爱好。父母要尽量为他提供自由支配的时间，让他开心地做自己想做的事情。只有当他的学习张弛有度时，他才不会一提到学习就想到写作业、刷题、背课文，或者参加各种提分的学习班等让他感觉紧张的事情。

（4）注意爱孩子的方式

不管孩子学习成绩如何，都要适当地用鼓励和激励的话肯定孩子的努力；对于孩子的退步，父母要学会换位思考，帮他分析原因，寻找解决的方法，通过深深的理解和无条件的接纳表达对他无私的爱，让孩子深切地感受到来自父母的关心和包容。

5. 家教箴言：良言、善行

陶行知说："教人要从小教起。幼儿比如幼苗，培养得宜，方能发芽滋长，否则幼年受了损伤，即不夭折，也难成材。"

有次在去北京的火车上，我对面坐着一个带着两个五六岁男孩的年轻女子，其中一个男孩安静地看书，另一个稍微胖的男孩戴着耳机聚精会神地在玩游戏。

可能是旅途太漫长，玩游戏的男孩突然关掉游戏，对着年轻的女子说："姑姑，车里太憋闷了，我要下车。"女子耐心地对他说，再有两站才能下车，再坚持一会儿就到了。男孩显得有点烦躁，一把夺过旁边男孩的书，赌气地说："我要弟弟陪我玩。"

倘若换作我，如果看书时被无端抢书，多少会有点埋怨对方的。我正在脑补小男孩如何爆发情绪时，却看到他满是稚气的脸上挂着大度的笑："哥哥，不如咱们一起看书，书里有好多小伙伴能陪咱们玩。"

小男孩的回答出乎我的意料，甚至连我旁边坐着的一个小伙子都感到很惊奇，他逗小男孩："你这么爱看书，长大了准备干什么？"

小男孩稚嫩地回答："我要当科学家。"

"真棒，是不是像那些航天英雄坐火箭上月球啊？"小伙子笑着问。

"不是。我要做一个会看病的机器人，像我爸爸妈妈那样，给病人看病。让和我一样的小朋友的爸爸妈妈爷爷奶奶姥姥姥爷都没有病。"小男孩自豪地说，"这样我爸爸妈妈就有时间陪我玩了。"

我和那个小伙子一愣，眼前这个小男孩，总是出乎意料地说一些我们猜不到的话。

"他爸爸是医生，我是护士，平时工作太忙，没时间照

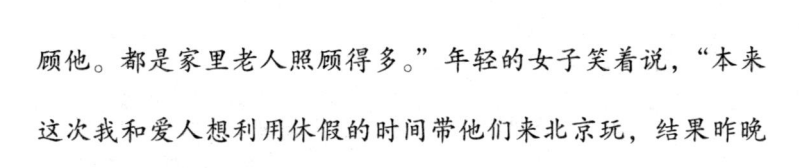

顾他。都是家里老人照顾得多。"年轻的女子笑着说,"本来这次我和爱人想利用休假的时间带他们来北京玩,结果昨晚上我爱人临时加班,我只好一个人带他们出来。"

"我长大了要去外国,挣很多很多很多钱。"那个之前玩游戏的男孩大声说。

我们都笑起来,小伙子故意问他:"赚钱干吗非要去外国?我们这里也能赚钱啊。再说了,你赚那么多钱做什么?"

"买大汽车大房子,把我爸爸妈妈从外国接回来。"玩游戏的男孩说,"这样我就能天天和爸爸妈妈住在一起了。"

年轻的女子对我们说,男孩是她哥哥家的孩子,他出生不到半岁时,哥嫂就把他交给爷爷奶奶到国外打工了。前几年一年回家一次,这两年因为疫情没怎么回来过,他想爸爸妈妈了,就打电话或是看爸妈的结婚照。

"他可能总是听我哥哥嫂子在电话上给他说,等在国外赚好多钱就回家。所以,他就觉得只有到国外才能赚好多钱。"年轻的女子总结道。

这就是孩子的世界,在他们的认知里,父母最在意的就是他们最关心的。他们单纯地以为，阻隔他们与父母相距的障碍物，在爸爸是医生的小男孩的意识里，是太多的"病人"，于是，他读书是为了将来当科学家；在爸妈为了生计去国外打工赚钱的小男孩眼里，"钱"是阻挡他与父母的一道不可逾越的墙，他唯有到国外赚到很多钱，才能够"买"来天天跟爸妈在一起的日子。

著名教育家马卡连柯曾对父母们说："你们自身的行为在教育上具有决定意义。不要以为只有在你们同儿童谈话，或教导儿童、吩咐儿童的时候，才教育着儿童。在你们生活的每一瞬间，甚至当你们不在家的时候都教育着儿童。你们怎样穿衣服，怎样跟别人谈话，怎样谈论其他的人，你们怎样表示欢欣和不快，怎样对待朋友和仇敌，怎样笑，怎样读报——所有这些对儿童都有很大的意义。"

每个孩子来到这个世界上，他们初次见到的人是照顾他们的爸爸妈妈，初次接触的空间是家庭。在他们的潜意识里，家庭和父母就是他们整个世界，哪怕父母有一千万个理由不待在他们身边。他们只有一个理由，就是想尽一切办法留住父母。除了深刻地记住父母的样子，更多的是铭记父母的言行。

美国黑人作家鲍德温说:"孩子永远不会乖乖听大人的话,但他们一定会模仿大人。"父母作为孩子人生中的第一任老师,其言行是孩子最直接的模仿对象。父母的言传身教,对孩子的思想、性格、品德的形成会产生深远的影响。

梁启超是我国近代史上著名的思想家、教育家、史学家、政治家、文学家,也是"教育救国"论的倡导者。作为父亲,他对孩子的教育是很成功的,7个子女曾留学海外,但学成后全部回国效力。

他最小的儿子梁思礼是中科院院士、火箭控制系统专家。当年为了国家的发展,尽管饱受坎坷和磨难,但他对国家的爱始终如一。不管遭遇多么大的挫折,对家庭,还是对国家,都必须坚守底线。在提到父亲的教导时,他动情地说:"我从父亲那里继承了很多宝贵的财富,但最宝贵的东西就是'爱国'。"

能够把孩子全部培养成国家的栋梁之材,跟梁启超的教育有着密不可分的关系。总结梁启超的教子方法是言行一致和表里如一，这是梁启超教育子女最有力的手段。其中最为重要的有以下两点：

（1）爱的语言

良言一句三冬暖，恶语伤人六月寒。特别是来自父母的语言，对孩子伤害更大。梁启超在跟子女沟通时，他是以"爱"为前提，是真正的慈父。面对子女时，他说话温和，总是用商量的语气征求他们的意见。比如："你们愿意吗""最后的决定在你们自己"等。平时他在家总是叫孩子的昵称和小名，言语之间透着一个父亲对子女的浓浓爱意。

因为公务繁忙，他跟曾国藩一样，通过给孩子写信教育他们。每封信的字里行间，都是满满的爱和教导，告诉孩子如何做人、回答孩子给他回信中的问题、询问孩子近来的生活和学习情况等。文字间流露的谆谆教诲、循循善诱，体现了一个伟大父亲对孩子无私的爱和教育。

（2）言行一致

古人说："人而好善，福虽未至，祸其远矣。"梁启超深知父母的言行对孩子的重要性，他认为太优越的生活会消磨人的斗志，要像一个"寒士"那样勤俭节约、艰苦朴素。为此，他说过："我自己常常感觉我要拿自己做青年人的人格模范，最少也要不愧做你们姊妹弟兄的模范。我又相信我的孩子们，个个都会受我的遗传和教育，不会因为环境的困苦或舒服而堕落。"在日常生活中，他带头做榜样，无论是穿着还是饮食习惯，都是以朴素、清淡为主。

他很注重孩子的品格和道德教育，经常教导孩子们："毕业后回来替祖国服务，是人人共有的道德责任。"他一边教育孩子爱国，一边用自己的实际行动弘扬爱国主义精神，为国家和民族命运奔波劳碌，用言行一致为儿女做了效仿的楷模。

第 3 章

找到读书的源动力，点燃学习的热情

从来没有人为了读书而读书，只有人在书中读自己，发现自己或检查自己。

——罗曼·罗兰

1. 确立目标，知道为什么读书

看历史上的名人志士，他们从立志读书起就有了目标和志向，周恩来总理少年时代立下的"为中华之崛起而读书"的宏伟志向……都明确了自己读书的目的，即，肩负起为国家和民族奋斗终生的责任感和使命感。

少年时代的周恩来总理在一次修身课上，校长讲"立命"时，突然向学生提出一个问题：你们为什么读书？周恩来总理给出的回答："为中华之崛起而读书。"

我国微分几何学派创始人苏步青，是著名的数学家和教育家。他上中学时，老师讲起中华民族受列强凌辱的历史，并说道："国家处于水深火热之中，我们要救亡图存，必须振兴科学。数学是科学的开路先锋，要发展科学，必须学好数学。"

苏步青当即立下"读书不忘救国，救国不忘读书"的誓言。酷爱文学的他把兴趣转向数学，每天废寝忘食地刷题，四年做了上万道数学题。17岁时，他因为学习成绩优秀被公派赴日本留学。留学期间，很多人为了钱和拿学位读书，只有他是为了国家命运而读书。他的日本妻子奇怪地问："别人都觉得数学枯燥，为什么你学起来却这么多乐趣？"他认真地回答："如果你的国家发展需要数学，你就会明白。当数学和国家的命运联系在一起，它的意义就完全不一样了。"

在获得理学博士学位后，日本多所大学开出优厚的待遇聘请他做副教授，他断然拒绝："我是祖国送出来学习的，学成后应该回去报效祖国。"

回国后的苏步青在我国教育和科研领域做出了重大贡献。

正是因为有了明确的目标和宏伟志向，让他们甘愿为了国家富强和民族振兴而奋斗终生。

一个人不管做什么，一旦有了目标和志向，就会拥有无穷的力量。他会觉得生命有价值，生活有奔头，人生有意义。

朱熹说："为学之道，莫先于穷理；穷理之要，必在于读。"要想让孩子知道为什么读书，父母既要让他体验读书的快乐，也要让他明白：读书除了获取知识外，还能发现自我价值。因为书中不只有"黄金屋、颜如玉、千钟粟、稻粱谋"，还有"学然后知不足，教然后知困。知不足，然后能自反也；知困，然后能自强也"。读书可以"士不可以不弘毅，任重而道远。仁以为己任，不亦重乎？死而后已，不亦远乎？"，还可以"为中华之崛起而读书"。

当孩子深入理解和感悟博大精深的中华文化时，他会清楚文化和学历并不是对等的。学历和文化的真正区别在于，学历只是代表我们人生某个阶段的学习成果，而文化则是一个人丰富的精神世界，需要我们用一辈子的时间来学习。

虽然提升文化水平和学历都离不开读书，但是，学习中华传统文化，会让我们的精神生活变得更加丰盈充实，让人生变得充满乐趣而有意义。

（1）学会为人处世的原则

读中华传统文化，能够为我们在做人、做事与修身养性方面提供帮助和借鉴。比如，撷取儒家文化教我们如何做人，领悟道家文化教我们如何做事，悟透佛家文化教我们如何修心。

（2）把工作和生活进行完美结合

读书学习技能，是为了拥有安身立命的工作和事业。而工作和事业，则是为了让我们更好地生活。每个人的生命长度是有限的，宽度却是无限的。虽然我们无法决定自己的寿命，但是可以拓展生命的宽度，通过劳逸结合，让自己的生活和工作相辅相成，相得益彰，能使生命的存在富有意义。

(3) 增加见识和修养

世界很大, 在大自然面前, 人是如此渺小。一个人的能力是有限的, 既然无法行万里路, 就通过读万卷书来见识大千世界中的芸芸众生、不同地方的风土人情, "赏"遍世间千山万水, 知道天外有天、山外有山, 从而懂得尊重他人、敬畏天地。

(4) 实现自我价值

知识的力量是通过读书获得的, 我们受教育的目的是将来实现自我价值。天底下没有完全相同的两个人, 每个人既是独立的存在, 也有其独特的价值。我们可以用娴熟的技能、渊博的知识、独有的特长, 来为国家和社会贡献自己的微薄力量。

(5) 修身养性

读书能净化心灵, 用一颗平常心修身养性能强大内心。

当一个人内心充满力量时，就能战胜生活中的困难和挫折。不管面临何种境地，我们都不会轻言放弃和妥协，而是毫不犹豫地选择坚强应对。

2. 知史爱国，少年强则家国强

历史是一个国家和民族安身立命的基础，更是国家和民族成长的见证。作为中华民族的炎黄子孙，要想了解自己的国家，最好的方式就是了解中国五千年的历史，通过跟古人跨越时空的相逢，来看国家悠久、漫长、曲折、坎坷的崛起历程。从而让我们的孩子更爱这片先辈呕心沥血治理、拼尽全力奋斗、誓死保卫的热土。

对于一个国家来说，子民既是延续民族血脉的传承者，也是在国家需要的时候奋不顾身站出来的保护者，同时也是和平稳定社会的最大受益者。

千百年来，故土难离，是积淀在每个人心中的情结。无论身在何方，你生长的故土赋予的烙印将追随你此生此世；你接受的文化，你形成的为人处世的思维模式、生活习惯，以及你骨子里散发出来的气质……都在向世人证明：你是中国人，你是龙的传人。

有位移居海外多年的朋友，逢年过节依然保持跟国内同步。春节、元宵节、端午节、清明节、中秋节等，他和家人都无一例外地跟着过。三个孩子虽然出生在国外，但他们从小学习中文，并因为了解中国传统节日而爱上中国历史。

三个孩子大学毕业后供职于海外的中国公司分部，其中有两个孩子移居中国内地城市北京和上海。他混血的孙子和孙女汉语说得一流棒，唐诗宋词背得滚瓜烂熟，对夏朝、商朝、秦朝、汉朝、唐朝等历史事件摸得门儿清。

为此，他笑称，兜兜转转几十年，孩子们又回家了。原来他青年时代到国外"淘金"，是为了让后代子孙曲线爱国。

我国著名哲学家、历史学家任继愈说过，爱祖国，首先要了解祖国；不了解，就说不上爱。的确如此，历史是一面镜子,既让我们从中知道国家历代演变的过程,又让我们以史为镜,从前人踩过的坑、走过的弯路中吸取教训、调整方向,为国家的富强贡献自己的力量。同时,也让我们分辨是非、开拓视野、扩大认知、提升格局,通过历史上的名人、伟人做过的事迹来明白做人做事的道理。

通过历史,能让我们更好地了解自己的国家。

我上学的时候,老师在讲红军长征这段历史时,有个同学问老师:"打仗是战术重要,还是武器重要?"

老师笑着问:"你觉得呢?"

他说:"我觉得战术重要。你看我们当年的红军是小米加步枪、吃野草充饥,却能把用着好武器、吃香喝辣的敌人打败。充分说明我军的战术厉害。"

老师说道:"毛主席早就说过,武器是战争的重要因素,但不是决定因素,决定的因素是人不是物。我们的革命能成功,不是战术重要,而是因为他们是信仰科学和真理的革命者。他们拥有强烈的爱国热情,因为爱国爱百姓,他们苦守这里,不离不弃,致力于为全国人民谋幸福。打个简单的比方,你的邻居或是亲戚家很有钱,你不能因为自己家穷,就抛弃父母和家庭,改名换姓地求他们收留,过你认为的好日子吧。因为这里是我们的家、有亲人,再穷再难都不能也不会离开。这样的信念让他们凝聚成一股无比强大的精神力量,这种力量能对付任何高端武器。"

多年后的今天,再想起老师这段话,我越发感受到祖国丰厚的文化内涵之美,正是其宽阔的包容气度、无与伦比的自强自立的思想,才诞生了无数优秀杰出的中华儿女。当国家有难或者需要时,他们挺身而出,不惧生死地走在救国救民族的前沿,成为永垂不朽、千古流传的传奇人物,成为后代子孙学习的榜样和楷模。

如果把中国比喻成一个人,那么他永远是充满激情、英勇无比的少年中国。

"少年强,则国强。"早在一百多年前,为了挽救备受列强欺凌的国家,走在维新变法前治的先驱梁启超,饱含感情地写了一篇《少年中国说》,向中国青少年发出呼吁。与此同时，他最先提出"中华民族"一词，主张"合族救国"，强调在中华共同体内各族为统一民族。只有"合汉合满合蒙合藏，组成一个大民族"的新的中华民族，才能救国。

随着越来越多的仁人志士加入抗争外敌的队伍，让山河飘摇、民不聊生的祖国像一头觉醒的雄狮，开始反抗外国侵略者。中国共产党的诞生，更是开辟了中国历史的新纪元。

救国的道路是无数革命先烈的热血铺成的，面对敌人的屠刀和严刑拷打，他们大义凛然、视死如归。中国共产党人方志敏即使身陷囹圄、戴着沉重的脚镣，在命悬一线之时，凭着对党的忠诚和对革命事业的信仰，在克服重重困难与敌人进行巧妙周旋的同时，仍然以米汤为墨，在狱中写下了伟大的作品——《可爱的中国》。

在中国共产党的领导下，一批批忠心耿耿的爱国革命者以国事为己任、前仆后继、坚强不屈，经过二十多年艰苦卓绝、流血牺牲的革命斗争，终于推翻了帝国主义、封建主义、官僚资本主义三座大山的反动统治，翻身做主成为国家的主人，中国人民挺直腰杆站起来了，中国也成为真正独立自主的国家。

祖国的成长历史告诉我们,今天的生活,是用无数革命先辈的生命和鲜血换来的。生活在太平国度的我们,唯有更爱自己的国家,才不负先辈当年的流血牺牲。正如革命家和教育家徐特立所说,人民不仅有权爱国,而且爱国是义务,是一种光荣。

祖国成长的历史,还让我们深刻地懂得,无数舍己救国的先烈信仰的是忠于国家、忠于人民。这种信仰缔造了统一的多民族国家,共同发展了悠久灿烂的中华文化。

早在几千年前,我国的至圣先贤就倡导"天下之本在于家",强调了家庭的重要性,父母要让孩子知道,我们现在能够生活在和平安宁的时代,是因为有强大的国家做后盾。所以,要想让孩子具有家国情怀,父母就要让他多了解国家的历史。

多让孩子了解我们中国的历史,既让他知道国家曾经历过的辉煌,更要让他铭记国家耻辱的经历,懂得先人的爱国信仰,牢记"有国才有家"的真理,懂得国家富强,人民才能安居乐业。在珍惜当下来之不易的生活的同时,肩负起新时代的职责和使命,以先辈为偶像,不忘初心,为国家的强大复兴贡献自己的力量!

3. 学习的真谛，行有余力，则以学文

有个学理科的"00后"男孩说，他上初中时偏科严重，对数理化情有独钟，刷一天题都不过瘾。但提起"语文"两个字他就头疼，尤其是"之乎者也"的文言文。他认为古人太迂腐，每天说话太费劲，礼节又多。但为了应付老师的检查，考试能得高分，他只好对每篇古文下狠功夫去死记硬背。

背的古文多了，他渐渐发现，老师讲好多遍的意思，在课堂上没有听懂，倒是通过背诵懂了。最有意思的是，背古文还提升了他的写作水平。老师给他的作文批语是：语言简洁生动、颇有文采，中心思想突出……有次语文小测，他的阅读理解和作文加起来才扣了十几分，让他一举拿下全班前

十名的成绩。

老师特意表扬了他,还让他把这段时间学习语文的经验写下来分享给同学。

人无论在什么时候,鼓励和表扬都会满足小小的虚荣心。他经过认真分析,总结出语文进步神速的最主要原因就是背诵古文。出于更大的学习"野心",他决定把语文学科的成绩提到跟数学一样。这样一来,他就能轻而易举地升入市重点高中。

带着这样的"功利"心,他对古文进行了"研究",把儒家创始人至圣先师孔圣人的《论语》首当其冲地重温好几遍。与此同时,他在查阅孔子生平的资料后,感慨道:"谁说世上无完人,孔圣人是最完美的人。"

正如孟子写的"天降大任于斯人也,必先苦其心志,劳其筋骨"一样,孔子自小就尝遍世态炎凉,三岁父亲去世后,母亲带着他和同父异母的哥哥辛苦度日。在那个时代,社会上还没有为女子提供工作的制度。古代女子婚后就是相夫教子,生计全依靠夫家养活。

孔父去世后，二十多岁的孔母非但没有夫家接济，反而还要养大一对未成年的孩子。日子之艰难可想而知。为了多赚点钱，她夜以继日地为富人织布。尽管生活很穷困，知书达礼的孔母仍然抽出时间教两个孩子读书识字。当两个孩子到了上学年龄，她又送他们进入学堂学习。

年幼的孔子极为孝顺，他把母亲养家的辛劳全部看在眼里、记在心上。为了减轻母亲的负担，他刻苦读书，在短时间内不但把老师讲的知识学会了，还提前学会了老师还没有教的知识。其余时间，他就跟着伙伴们到有钱人家家里干活贴补家用。孔母发现后，对他进行谆谆教导，让他在上学的年龄以学业为重，之后又送他进入高一点的学府接受教育。

十五岁时，孔子立志"为学"。这里的"为学"，是指"学问"，这种"学问"是一个人一生的修为，也就是后来孔子提到的"仁人君子"。

实际上，孔子是一个"德智体美劳"全面发展的少年。他孝敬母亲、对老师尊重，平时同学中谁有难处，他都会出手相助，为了救一个被疯牛追赶的小伙伴，他徒手跟牛搏斗；智力方面，他是门门满分的好学生；体育方面，他习得"六艺"、善骑射、精剑术、通琴棋、能攀山、擅跑步等，《淮南子·主术训》记载："孔子跑得和兔子一样快，能力扛城门。"；美术方面，他绘画、写字样样精通；劳动更不用提了，穷人的孩子早当家，他自小就跟着母亲干活。

《史记·孔子世家》记载，孔子"长九尺有六寸，人皆谓之'长人'而异之"。按照春秋时期鲁国的标准来计算，九尺六寸是 1.95 米左右。

像孔子这样德才兼备、文武双全的全面人才，不说在古时，就是在现代，也是凤毛麟角。他贵为"圣人"之处就在于：本该用力量、武力就能获得荣华富贵并扬名天下，他却偏偏不走成功捷径，选择致力于做"学问"来宣扬"里仁为美"，用精神力量来影响天下人，通过"教育"的平等改变穷苦孩子的命运；通过教育让人们知道，"人能弘道，非道弘人"。只要"我欲仁"，那么"斯仁至矣"。

施行"仁道"是孔子毕生的最高追求目标。在这条充满惊险、九死一生的"仁道"上，孔子与弟子周游列国时在蔡国和陈国交界处困了七天七夜，这么长时间没有食物充饥，很多弟子都饿病了，孔子依然坚持给弟子上课。这一方面表明他对学问的执着和坚决,另一方面也说明他身体素质功底强悍无比。同时也证明,身体健康是保证我们做好任何事情的基础。

在了解了孔子的简单生平后,我们再回过头,看看课本中古文里我们想象出来的"守旧固执、古板拘泥"的老学究,是无法与上面文中走出来的"温和儒雅、和蔼可亲、睿智端庄、谦和有礼、可敬可爱"君子风度的长者相比的,这位熟悉亲切、亦师亦友的圣人印象,仿佛在告诉我们,"行有余力,则以学文",先把人做好了,再去学习文化知识,才能做一个对国家和社会有用的有仁德的君子。

读了圣人的生平故事,再读圣人写的文章,不但有助于孩子解读文章意思,还能提供学习目标,真正让孩子懂得"学而不思则罔,思而不学则殆",从而达到"学以致用"。

相比于孔圣人对世人充满耐心的谆谆教导,孟子的教诲更为直接,他的经典著作《生于忧患死于安乐》,把一个有所作为的人必须经历的挫折、灾难写得淋漓尽致。成大事的人,必须要通过吃苦受累来锻造坚强的意志力和做事的恒心,在忧患中不断地磨炼身心、修炼强大的自己，才能生存发展。同样，一个国家的发展壮大亦是如此。

史料记载，孟子三岁丧父，由母亲一手带大。关于孟母教子的事迹，已经成为口口相传的经典的民间故事。孟母育子的方法，也让我们发现，对于孩子来说，其学龄期的生长环境、家庭教育理念，决定着孩子未来在学业生涯中能走多远，甚至贯穿孩子的一生。

几千年前，为夫守节的孟母携子住在墓地旁边，她对孟子教育的初心，就是让他像孔子那样，做一个有学问的人。

有一次，她看到幼小的孟子玩耍时学大人那样跪拜、哭丧。她顿时觉得这里的环境不适合孩子学习，就果断地搬到市集旁边居住。

因为每天看到小商小贩做生意，模仿性很强的孟子又学商人那样鞠躬欢迎客人、跟客人讨价还价，其动作、神态学得惟妙惟肖。孟母见状，心中彻底明白，要想让孩子成为彬彬有礼的人，就得让他先接受"有学问"的环境。

经过多方观察，孟母选择在校舍附近安家。没多久，孟子一改先前的嬉闹顽皮，变得爱读书和爱思考、懂事又有礼貌。

孟母平时非常注重自己的言行。有次孟子放学后看到邻家杀猪，就问，为什么要杀猪？孟母随口答道："给你吃呀。"说完后她意识到说错了话，孩子小，喜欢模仿大人的言行，如果自己"骗"他。他长大后也会用同样的手段"欺骗他人"，变得不诚实。于是，孟母当天就带他到邻居家买了猪肉。

除此之外，孟母对孩子的教育是随时发现问题随时解决。有段时间，孟子因为厌学而逃学。孟母发现后，当着他的面用剪刀把快要织好的布从中间剪断。孟子惊问原因。孟母意味深长地说："你荒废学业，如同我剪断这布一样。有德行的人学习是为了通过做大事、好事扬名立万；有了知识和见识，做任何事情都能避开祸害。如今你中途荒废学业，没有学问，将来只能做粗活……"

母亲的一番话深深地印在孟子的心上，从那以后，他在学业上孜孜不倦、勤勤恳恳，最终成为一代圣贤。

难得的是，孟母对孟子的教育不只是在学业上，还有生活中做人做事方面，包括孟子成年娶妻后，只要看到他那里做得不合乎礼仪，她就会加以循循善诱。

《韩诗外传》记载，有次孟子看到独居在家的妻子坐姿不雅，就向孟母提出"休妻"。孟母以《礼经》中的话劝导他，讲礼仪的人在进别人房间时，要先问清楚谁在房间里。并且在进入厅堂的时候，要先通过声音通知房间里的人，等进入屋的时候，眼睛往下看，这么做是为了让对方有所准备。

"你在妻子休息时，进房间不声张，才看到她不雅的坐姿。是你不讲礼仪，而不能怪你妻子。"孟母耐心地开导他。

母亲的悉心劝导，让孟子意识到是自己错了。

孟母细致入微的教育，最终让孟子通过勤奋学习修炼了坚强的意志，为他后来成为亚圣、发扬儒家文化奠定了基础。

让孩子多读圣人的故事，不是让他做可望而不可即的圣人。而是让圣人的光辉照亮孩子前行的路，使他的人生道路变得更加广阔和丰富多彩。

圣人的经历和事迹，还有助于拓展孩子的视野和格局，让他明白学习是一辈子的修行，只有做到"行有余力，则以学文"，才能在生活中做一个有学识、有智慧的人。

4. 人之气质，唯读书可以改变

国学作为中国文化的传世经典，影响了一代又一代的中华优秀儿女。如果把中华文化比作国家和民族之魂，那么国学经典就是国家和民族之魄。

身心健康是孩子茁壮成长的核心基础，物质营养是养其身体，心灵营养是养其精神面貌，国学经典更像是一个人心灵营养的最佳补品。

"关关雎鸠，在河之洲。"讲的是景色之美。

"礼者，敬人也。"讲的是礼仪之美。

"知者乐水，仁者乐山；知者动，仁者静；知者乐，仁者寿。"讲的是做人的境界。

"君子不失色于人，不失口于人。"讲的是待人之道。

"君子喻于义，小人喻于利。"讲的是做事的境界。

"士不可以不弘毅，任重而道远。"讲的是人之责任。

"以爱己之心爱人，则尽仁。"讲的是处世之道。

……

一个经受国学经典熏陶的孩子，其言谈谦虚有礼貌，其为人处世大方得体，其行事作风张弛有度，其儒雅风度给人一种莫名的好感。

画家朋友老沈，喜好国学，擅长古典山水画，在古稀之年收了一个小弟子。我们都很惊讶。早在十几年前，曾经有很多亲朋好友找他说情，想让孩子跟他学画。有人还提出愿出高价的学费。他都以"退休"为由婉言谢绝。

早年间，他带过很多徒弟，其中不少徒弟在业内小有名气，可谓是桃李满天下。而后来他不愿带徒的真正原因，是因为有几个弟子画品跟人品不符。令他颇为失望。

2018年春节前，有幸受到他的邀请，我和几个朋友去他家会面。巧合的是，看到了他新收的小徒弟——一个11岁的少年。

少年先是有礼貌地向我们问好，接着动作熟练地给大家沏茶。我们聊天时，他端坐一旁微笑聆听，从不随意插话。老沈带我们观看少年的画作，又提到其中几幅画多次在比赛中获奖。

令老沈得意的并非少年的画作，还因为他是品学兼优的"三好"学生，多次帮助班里学业不好的同学补课。他还把得奖的奖金和压岁钱捐给贫困山区同龄伙伴上学。

"真是名师出高徒！"看着少年的画，连我们这样的外行人也对他的技法赞不绝口。

"我这个小徒弟的课外读物不是武侠、网文，而是《论语》《孟子》《史记》《资治通鉴》《战国策》等一些国学。"老沈笑着如数家珍，言谈中充满欣慰，"他可不是书呆子，学习、画作、做人没得说。去年他上学路上遇到患病老人，还帮着叫救护车送到医院。后来老人的家属通过四处打听找到他学校感谢他。"

看着老沈一脸自豪，我们深知他对这个弟子非常满意。

"真棒，自古英雄出少年。"一个朋友脱口说道，回头用赞许的眼光看向那个少年。少年向我们深深鞠躬："各位老师过奖了，那是我应该做的事情。"

老沈的小徒弟，让我们见识了什么是不卑不亢、知书达礼。当下很多孩子是独生子女，父母的过度保护让他们除了"学习成绩好"，在待人处世方面，那真是一言难尽。

相信很多人都有这样的感悟，当一个恃强凌弱、恃才放"狂"的人在你面前高高在上地对你出狂言时，哪怕他才高八斗，你也不敢与之相交。即使这样的人侥幸成功，也是一时的。

对于一个人来说，礼待他人、尊重他人，既是敬人，也是尊己，拥有这种气质的人，在任何场合都能营造一种吸引人的强大磁场。对于一个孩子来说，拥有这种气质，更容易受到他人的赏识和欢迎。

让我的朋友老沈打破不收徒弟惯例的这个少年，就是因为他很有礼貌。

原来，有次老沈参加一个婚礼，跟他同桌的有三对父母带着各自的孩子。席间吃饭时,其他两个孩子争着挑喜欢的饭菜,丝毫不顾及他人。还不时地吵架打闹。

只有一个孩子安静、有礼貌。席间,若谁有需求,他都会帮大家找服务员解决。并主动为老沈和另一位年纪稍长的人倒茶水、转动圆桌让大家夹菜。

新郎新娘来老沈这桌敬酒时,两个喧闹的孩子家长得知老沈的身份后,十分激动,争着说各自的孩子如何喜欢画画,跟人学画是按每小时几百上千的课时费,但学得并不理想。若老沈肯教,学费可以翻倍。

老沈微笑着好言婉拒了。

老沈同两位家长说话时,那个有礼貌的孩子在一旁充满钦佩地望着老沈。酒席散后,他才随父母拜见老沈。他先是礼貌行礼,再腼腆地讲起自己在学山水画。说到老沈的画作,他如数家珍,说家里有老沈多幅藏画。言语间充满对老沈的仰慕之情,态度之恭敬、话语之诚恳,令老沈有一种久违的感动。

老沈内心认可这个举止有礼的孩子,就把联系方式留给了他父母。

事后不久，少年的父母先和老沈电话联系，征得老沈同意后，他们带着少年和老沈的作品登门拜访。希望孩子跟着老沈学画画。

这种尊重，是当下很多人难以做到的。于是，老沈收下了有生以来第一位，也是最后一位年龄只有 10 岁的小徒弟。

老沈说，"现在很多作家、诗人，作品跟其人品是割裂的。但是我还是想着培养一个画品跟人品相当的弟子。"

而事实也如老沈所愿，这个读着圣贤书、画着美丽山水画的弟子，未来可期。

一个人良好的气质，要想经受时间的考验，体现的多是知识赋予的内在美。正如作家三毛所说："读书多了，容颜自然改变。许多时候，自己可能以为许多看过的书籍都成过眼烟云，不复记忆，其实他们仍是潜在的。在气质里，在谈吐上，在胸襟的无涯，当然也可能显露在生活和文字中。"

但很多人被这段话误解，以为读什么书都能升华气质。其实，真正能提升一个人精气神的书，是需要选择的。曾国藩说过："人之气质，由于天生，很难改变，唯读书则可以变其气质。古之精于相法者，并言读书可以变换骨相。"

书的质量决定一个人的精神面貌。而国学经典，能把人从里到外地改变。因为国学经典，是古代先贤经过切身体验、实践写出来的。好书是精神食粮中的营养品，能够滋养一个人的心灵，丰富其精神生活。所以，父母在教育孩子成才前，要先让他成为一个大写的、有气质的"人"。

在家庭教育中，父母要在孩子很小的时候引导他、影响他，让他由好奇到感兴趣，再主动去学习。父母可以在孩子的不同年龄段，为他选择不同的书来读。

（1）六岁以前

孩子六岁以前，是智力和记忆能力发育的关键时期，父母可以在这个阶段为他安排《千字文》《百家姓》《弟子规》《三字经》等，通过背诵朗朗上口的经典古籍和诗歌，帮助孩子进行智力和记忆力方面的开发。

（2）小学阶段

孩子上小学后，因为有老师的指导学习，阅读理解会有很大的提升，这时父母可以给他推荐《论语》《孟子》《中庸》《劝学》《诗经》中的一些经典片段，以及唐诗宋词等。这些课外书不但能扩大孩子的知识面，还有助于他理解、领悟教材中古文的意思。苏霍姆林斯基说："如果一个人没有在童年时期就体验过面对书籍进行深思的激动人心的欢乐，那就很难设想会有完满的教育。"孩子在这个阶段多读经典的图书，会让他终身受益。

（3）中学阶段

孩子上中学后，学校也会推荐一些国学经典让孩子读，比如《诗经》《周易》《道德经》《论语》《孝经》《菜根谭》等，以及唐诗、宋词、元曲等。总之，这些书能提高孩子的审美能力、培养耐性，让他拥有正确的价值观和处世哲学。

高尔基说过，"我读书越多，书籍就使我和世界越接近，生活对我也变得越加光明和有意义。"一个人的时间、精力、阅历等都是有限的,孩子可以通过日积月累地读书,和前辈先贤进行一次次跨越时空的对话,能够培养孩子大度、豁达的性格。

5. 天行健，君子以自强不息

对于人类来说，信仰是一种精神寄托，是一股强大的心理力量，是一种让你把"不可能"变成"可能"的动力。正如威廉·詹姆斯所言："信仰是人类赖以生存的众多力量之一，若是没有它，便意味着崩溃。"

孩子就像一棵小树苗，要想长成参天大树，成为国家的栋梁之材，必须要自立自强。在成长的路上，他只有经历过现实生活风雨的磨炼，才能拥有百折不挠的奋斗精神。

早在几千年前，我国古人就崇尚"天行健，君子以自强不息"。自强不息是一种美好的品德。一个自强不息的人具有强大的爆发力，面对困难时会表现出百折不挠的精神。哪怕他身处逆境和困境，仍然会通过顽强不屈的拼搏精神，实现逆袭突围。

只要孩子把"自强不息"作为人生信仰，任何困难和挫折都将化作他成长路上的"助推器"，在让孩子实现人生梦想的同时，也能成就最好的自己。

一个自强不息的人，也是一个充满自信的人。他的自信是在全面认清、了解自己的缺点和优势的基础上，相信自己做事情的能力。

古今中外的伟人和名人都具有自信自强的精神，这种精神帮助他们攻克无数道难关，在经历九死一生的打拼后，最终成为征服命运的强者。

"先天下之忧而忧，后天下之乐而乐"，是范仲淹毕生信奉的信仰。这位让后人敬仰的伟大政治家和文学家，文能辅作君王治国，武可上战场保家卫国，可谓是文武双全德才兼备。其一生刚正不阿、光明磊落、清廉自律，上忠君能冒死直谏、下爱民能舍己救百姓，其心其行，天地可鉴，日月可表。是历史上圣人式的正派人物。

范仲淹在很小的时候，就经历了很多坎坷、磨难和挫折的洗礼。早在他两岁的时候，父亲因病去世。为了生计，母亲带着他改嫁到一户朱姓人家。

为了专心读书，范仲淹就到离家不远的醴泉寺寄宿读书。醴泉寺在山上，因为家贫无钱买米，他把伙食降低到了最低标准。每天早上，他把隔夜的小米粥分成四块，早晚各吃两块，用野菜佐食。勉强填饱肚子后，他继续埋头苦读。

成年后的范仲淹到应天书院攻读时，仍然靠喝粥度日。为了提神学习，他在寒冷的冬天用冷水洗脸，在最艰苦时煮野菜度日。据说他有一个出生富裕家庭的朋友，看他过得实在是太苦了，就给他送去丰盛的美味佳肴。范仲淹拒之不受，第二天朋友去看他，发现送去的饭食原封未动。

经过多年的寒窗苦读，范仲淹考取进士及第，官至参知政事。当官后，范仲淹依然保持着刻苦自勉、食不重肉的习惯，就像当年在醴泉寺读书那样，为国家忠心履职，牵挂百姓衣食冷暖。有一年天下大旱，他冒死进谏，亲自到地方给百姓分粮食。

贫困生活中依然保持美好的品质，饥饿到用野菜充饥也不接受他人的施舍，这种傲骨是一般人难以忍受的，他真正做到了圣人所说的"君子固穷"。

什么是君子？就是能够贫贱不移，不失节操和本分。小人身处逆境就容易想入非非，胡作非为。范仲淹用其自强不息的美德，在学业和事业上都取得了卓越成效。

为什么要教育孩子自强不息，因为君子在穷途末路时，依然能够保持内心的操守，就是向内求自己、寻找自己的原因来解决问题，通过走正道实现自己的人生抱负。范仲淹经受住了童年、少年时遭遇的苦难和逆境的考验，才造就了他自强不息的性格。

心理学家研究发现，一个人的性格源自儿时的塑造。这种性格会随着年龄的增长，再经过生活中的磨砺，会变得更加坚强。

在现代竞争激烈的社会，自信自强是一个人健康成长、努力学习、成就事业的强大动力。因为一个人的抗压能力和生存能力，更有助于他立足社会。所以，父母要在孩子小时候，就塑造他自信自强的性格。

每个人成长过程中,都会遇到各种各样的挫折。而面对挫折的态度,则决定了一个人的生活质量和人生的高度。

不向困难低头,不向生活妥协。在逆境中屡败屡战、越挫越勇,不达目标不罢休的强者姿态,唯有自强不息的人才能做到。所以,孩子越早学会自立自强,对他的将来就越有益。

2022年全国高考成绩揭晓,一个叫铁星的宁夏农村女孩,以688分的成绩被北京大学录取。相比于其他考入北大的学生,铁星的学习之路要艰苦很多。

铁星出生于贫困的家庭,为生计奔波劳累的父母对她的教育只停留在身教阶段。父母没上过学,多年来面朝黄土背朝天地在田间劳作,为了让她和弟妹们接受教育,父母会在农闲时到城市打工赚钱。

面对贫穷和繁重的劳作,父母从不怨天尤人,而是凭借自己的能力想尽一切办法去改变。父母对待生活的态度,于无形中影响着铁星,特别是父母积极乐观迎难而上的干劲,让铁星耳濡目染。她小小年纪就承担起为父母分忧的责任。放学后,不用父母吩咐,主动做家务、下地劳动、照顾弟妹等。

更让人佩服的是，铁星在打理好家务活儿、照顾弟妹的同时，她在学校的学习非但没有被落下，还一直在进步，始终位列年级前几名。

命运似乎有意考验这个坚强的女孩。铁星上初中时，一场意外变故让原本穷困的家庭雪上加霜——铁星的父亲因突遭车祸住进医院。铁星和母亲轮流照顾父亲，当时又赶上农忙，铁星一边上学，一边挤出时间照顾父亲，还要抽空做农活。那段时间，她随身携带书本，哪怕有一秒的时间都要用来学习。

生活中接踵而至的坎坷，让铁星像是上足了发条的马达，跑得更快更稳。时间不会辜负每一位自强不息者，中考时，铁星以全县第19名的好成绩考取县重点高中。

高中三年，是铁星学生生涯中学习最拼的阶段。她把这三年比喻成黎明前的黑暗，只有争分夺秒地学习，才能走近心仪的大学。

当铁星以宁夏高考"文科状元"的身份考入北京大学的时候，她在高兴之余，也感觉到肩膀上前所未有的责任。对她来说，进入大学不是终点，而是意味着未来要承担更重的责任。她唯有更加勤奋地学习、不断地进取，才能对得起自己和父母。

铁星自信自强的性格，是受家庭环境的影响。由此来看，父母给孩子创造的家庭环境，能够在潜移默化中给孩子带来性格上的改变。因为家庭是一个孩子最先适应的"社会"，也是最先上的一所学校。父母对待家庭中遭遇的变故和挫折时的态度，在很大程度上也影响着孩子。如果父母坚强面对，那么孩子也会表现得积极。这是他必须经历的一个过程，只要他勇敢地从中走出来，将有助于他未来对待挫折的反应。

卢梭说过，教育的目的就是培养独立自主，追求平等自由，能够自食其力的"自然人"。在家庭教育中，父母要多引导孩子克服生活中出现的困难和挫折，做他背后坚强的后盾，鼓励他、支持他，而不是代替他去解决所遇到的问题。

（1）让孩子经历克服困难的过程

孩子成长过程中，会遇到这样那样的困难，父母要做的是给他提一些解决问题的建议,让他自己克服困难。孩子克服了困难,及时表扬;做得有失欠缺,鼓励他再接再厉。总之,一定要让孩子亲自经历克服困难过程中的种种难关。

(2)让孩子正确认识自己

孩子的不自信来自对自己的不了解。比如,当他的学习成绩或是其他方面不如别人时,他心里就会难过,这时父母要告诉他,每个人都有优点或缺点,找到自己的优点,发挥自己的特长。当孩子把擅长的事情做好后,对自己就有了自信。以后做事情时,哪怕遇到挫折,也不会轻易放弃。因为他清楚自己的优势和爆发力在哪里。

(3)把选择权交给孩子

俗话说,没有选择就没有烦恼。一次有意义的选择,哪怕结局并非所愿,仍然能带给孩子信心。所以,无论是学习还是生活中的事情,多让孩子自己做决定。只要他自己做出选择，父母首先要给予支持，并鼓励他做好。

（4）为孩子提供经历失败的机会

温室里的花朵一旦经历外界的风雨，就会夭折。外面的参天大树，都是经历过自然界风雨的洗礼。一个自信自强的孩子的成长也一样，要经历一次次失败的打击，才能让他的心理变强大。所以，父母要对孩子放手，让他自己经历学习和生活中的失败、挫折，这样他才会变得自信、坚强。

第 4 章

挖掘潜能，让每个孩子都独一无二

没有人事先了解自己到底有多大的力量，直到他试过以后才知道。

——歌德

1. 明辨是非保平安

荀子说:"是是、非非谓之知,非是、是非谓之愚。"就是告诉我们,认为对的就是对的,认为错的就是错的,这样称为有智慧,而认为对的是错的,认为错的是对的,就是愚蠢。当我们正确辨认对和错,就知道"如何做是正确"的,才能让自己由内而外地改变,成为一个有主见的人。当我们做到了不盲从,才不会被小人利用。

子罕是宋国的大夫,由于位高权重,很多人都想攀附他,想利用他做些舞弊营私的事情。身为大夫,子罕具有非常强的明辨是非的能力,对于各个心怀鬼胎者,他自然心知肚明。

每次都会委婉地加以拒绝。

有一次，一个小人想通过贿赂子罕谋取官位。他深知子罕是有学识有见识的人，就想方设法地买来一块真的璞玉。他心想，君子都爱玉，子罕一定会因为喜欢这块璞玉而占为己有。

没想到子罕见到他的璞玉后一口回绝。他不死心，劝说道："这可是真正的宝玉，真玉须配位高的君子做用具，不适合我们地位低贱的人来用，您还是收下吧。"

子罕哈哈一笑，大声说道："尔以玉为宝，我以不受子玉为宝。我们何不各守其宝？"

子罕的"尔以玉为宝，我以不受子玉为宝"，意思相当明确，对方把"玉"当宝，是因为玉就是宝；而自己把不受对方的玉当宝，是因为自己"洁身自好"。前者是真的贪恋"玉"本身，后者则是爱惜自己的羽毛，也就是珍惜自己的名声。

在这里，子罕的可贵，不在于他用高风亮节的举动拒绝小人的行贿，而在于他能够从对方"献宝"的事情上做到明辨是非，一眼能看出对方想通过献"玉"，达到向他谋求利益的目的。

一个人一旦具有明辨是非的能力，就能拥有一双慧眼，隔着万道屏障，依然能看清事物的真正本质，让自己不至于与狼共舞。

世界很大，人心复杂，身为高官的子罕何等智慧，尚且需要"明辨是非"的能力来抵御外界的各种诱惑，何况单纯的孩子。孩子在成长过程中，需要经历形形色色的人和事，如果不能正确地识别对方，就无法做到正确判断，所以，父母要培养孩子明辨是非的能力，才能让他少受一些伤害。

古人说，心能辨是非，处事能决断；人不忘廉耻，立身不卑污。就是告诉我们，心能明辨是非，就能快速而又果断处理事情；不忘记礼义廉耻，做人就会一身正气，不与卑污的人同流合污。

世界上有形形色色的人，身为高官的子罕尚且需要"明辨是非"的能力，才能做到自保。何况不谙世事的孩子，父母要想让他身心健康地成长，就得教给他明辨是非的能力。

宋代名儒陆九渊说："耻存则心存，耻忘贝心忘。"作为未成年孩子的监护人，父母首先要教育孩子的便是知"耻"。

让孩子明白什么可以做,什么不能去触碰。因为物以类聚、人以群分。孩子走出家庭进入学校,他需要交往什么样的人,都来自对"分辨是非善恶"的能力。

孩子最终要离开父母走向社会,若不具备分辨是非的能力,轻则被他人利用,重则因为交友不慎而误入歧途,甚至于加入犯罪的行列,贻误一生。

2020年5月7日,14岁的犯罪嫌疑人范某放学后伙同19岁的社会闲散人员蔡某,把一个15岁的少年强行带到附近的小树林活活打死。而他们打死少年的理由居然是"因为当天心情不好。"

蔡某是社会青年,他没有正经工作,以在学校附近"收受保护费"为生,只要学生给钱,他就帮学生打架。

2021年5月11日,20岁的犯罪嫌疑人蔡某被判处无期徒刑,15岁的犯罪嫌疑人范某被判处有期徒刑14年。

犯罪嫌疑人蔡某因为分不清什么是善恶,最终让自己一辈子生活在铁窗内;范某因为没有分辨是非的能力,不知道什么是好人坏人，结交了一个社会混混，在杀了他人的同时，自己的一生也毁掉了。

当下在校园里，因为交友不慎导致自己葬送青春年华的青少年的案例很多。所以，在孩子成长的路上，父母除了给孩子提供物质上的喂养，还要培养他们分辨是非的能力，也是父母给孩子上的重要的一堂课。

明末思想家顾炎武说："士而不先言耻，则为无本之人。"孩子从生下来那一刻时，他所接触的社会是家庭，他所接触的人是父母，他对黑白善恶的了解，多是来自家庭的熏陶，父母的启蒙教育。提升孩子"分辨是非"的能力，将会让孩子少走很多弯路。

王阳明说："良知只是个是非之心，是非只是个好恶，只好恶就尽了是非，只是非就尽了万事万变。"又曰："是非两字是个大规矩，巧处则存乎其人。"他告诉我们，"良知只是个分辨是非的心，是非只是个喜好和厌恶。只要明白了喜好和厌恶也就明白了是非，只要明白了是非也就能把握万事万物的变化。"而"是非"这两个字是个大原则，如何灵巧掌握则在于每个人的理解了。

王阳明所提到的"良知",就是分辨是非的心,明白了是非对错也就掌握了万事万物的变化。一个人能否真正明辨"是非",就在于自己的领悟和能力了。

一个具备明辨是非能力的孩子,随着见识的增多,他能很快区分周围人的善恶、对事物进行精准判断,正如"良禽择木而栖,良臣择主而事"一样,无论交友、做事,他都能正确地进行选择。可以说,明辨是非的能力,决定孩子的人生高度。所以,教会孩子分辨是非的能力,是每个父母应尽的责任与义务。

(1)提高孩子的认知水平

父母要根据孩子的年龄特点,用浅显的故事来培养他分辨是非的能力。告诉孩子什么能做,什么不能做。比如,发现孩子跟小伙伴打架,父母要及时告诫他,好孩子要懂礼貌,讲文明,跟小伙伴友爱团结,矛盾可以通过很多方式解决,双方商量,但是不能骂人、打架。

平时生活中,孩子哪件事做得好要及时表扬,并且告诉他具体哪里做得好。比如，他在公共场合很安静，就夸他讲公德；他不乱丢垃圾，就夸他是个讲卫生的好孩子；他主动给老人或是比他小的孩子让座位，就夸他懂得尊老爱幼，是个有爱心的好孩子等，通过生活中的教育，让他形成自己的判断。

另外，读书能帮助孩子增长知识储备、提升认知水准，父母可以跟他一起看书，通过故事中的人物和他探讨对错，以此来帮他树立正确的道德观。

（2）父母在家说话要谨慎小心

父母在家中的所作所为，对孩子影响很深。孩子小时候，父母在家里说话或是评论周围的事情时，要站在客观正确的角度和立场，而不是以个人喜好来评论。

父母是孩子模仿的第一个人，他们的眼睛就像照相机，把父母在家中的各种形象照好后存在脑子里，平时会不由自主地去模仿。天长日久，孩子身上就带着父母的影子。所以，帮助孩子树立正确的是非观，父母一定要多注意自己的言行举止和处理事情的方式,从而正确引导孩子。

(3)注意社会事件的影响性

现在自媒体发达,很多极端事件经常成为社会公众关注的热点,评论中经常充斥着一些带着强烈发泄情绪的话语,还有一些评论是盲目跟风……这些评论自然没有是非观。父母就这些事件,可以理性客观地给孩子讲解、讨论,帮他树立正确的是非善恶的观念。

2. 学习的能力是根本

在浩浩荡荡的宇宙中，我们每个人宛如一粒渺小到不能再渺小的尘埃，唯有不停地学习，才能不断地超越自己。只有经历过各式各样的风景，才能在未来遇到独特的自己。

人生最曼妙的风景，不是从生下来就享受锦衣玉食，也不是出生在不用奋斗的罗马，而是在不同的年纪，在酸甜苦辣的遭遇中慢慢学习和成长。突然有一天，你回过头一看，发出一句由衷的感慨："我不后悔过去的努力，很珍惜现在的坚持，对未来更是充满期待。"

破茧成蝶的蛹、凤凰涅槃后的浴火重生，都是通过一段痛苦的挣扎和不懈的努力，走出一个个困境来重获新生。

人人都要遇到逆境和困境，只要肯学习不放弃，就一定能找到"重生"的出路。这就是古人说的"活到老学到老"。

因为学习是一个永无止境的过程，是我们一生中要一直延续下去的过程，一个人一生中的每个阶段，都需要通过学习来充实自己、增长人生的经验。所以，提升学习力，是每个人需要的能力。特别是对于孩子来说，拥有超强的学习力，他才能应对不确定的未来世界。

孔子认为真正的聪明和智慧是："知之为知之，不知为不知，是知也。"意思是：懂就是懂，不懂就是不懂，这才是真正的智慧。

无论是父母还是孩子，彼此都是第一次做父母，第一次做孩子。而一个人最初的行为习惯，都是从原生家庭中传承下来的。如果父母教给孩子好的习惯，那么，孩子将来虽然不会大富大贵，也会快乐地度过一生。

2021年5月，被网友封为"学神"的韦东奕在网络上走红。这位"90后"的数学天才，居然是北京大学的数学老师。

第一次跟网友见面，是因为媒体在北大校园进行的随机采访。当时，韦东奕背着简单的黑色双肩包，手里拎着装了三个馒头的塑料袋和矿泉水瓶子。其低调的穿着和北大老师的身份，令网友对他充满好奇。

韦东弈出生于书香世家，他的爷爷毕业于师范学院，爸爸妈妈都是大学教师。

生长于书香世家的孩子的优势，不只是家里有很多藏书可以读，还有良好的家庭教育。深受父亲影响的韦东弈从小就酷爱数学。小学时他最爱看的书就是家里书柜中的《华罗庚数学学校》。

每当父亲埋头备课时，他就在一旁埋头解数学题，在做题中研究数学的规律，体会属于他的乐趣。平时，父子俩沟通感情的方式简单直接。

父亲对他说："来，我们做道数学题。"这句话是他最爱听的，父子俩一起做数学题，成为他们家中最美的一道风景。

在家庭的熏陶和父亲的指引下，少年时代的韦东弈对数学到了痴迷的程度。他学习的乐趣就是埋头遨游在数学王国。

初二时，他加入山东师范大学附中奥数训练队，每天和高中生学霸在一起训练。他的表现比高中生的水平还好。高一时，经过层层选拔，他进入数学奥赛国家集训队。同一年被选中代表国家队参加第49届国际数学奥林匹克竞赛。全世界仅三个满分，韦东奕是其中之一。第二年，他参加第50届国际数学奥林匹克竞赛时又获得满分。

17岁时，韦东奕成为国家队历史上唯一连续满分的天才，惊动世界数学界。北京大学数学学院第一时间向他伸出橄榄枝。面对北京大学的诚意，韦东奕欣然前往。

大学三年级时，他参加第四届丘成桐数学竞赛。在分析、代数、几何、概率、应用的五项科目考试中，他一个人获得四项（除代数外）金奖并获得个人全能金奖。大学毕业后，为了安心地钻研喜欢的数学，他选择留校任教。

他确实具有数学天赋，但更离不开他在数学中持之以恒的学习力：他不看电视，没有QQ、微博、微信等社交工具。在他看来，手机就是用来打电话的。为了节约时间学习数学，他经常忘记吃饭的时间。

他上学时奖学金一年10万多元，但他一个月的生活费从没超过300元。

中科院的院士说："韦东奕极具数学天分，在其指导过的博士研究生中非常突出。"不过，他认为韦东奕学业拔尖的原因，是"学术功底扎实、为人朴实、刻苦耐劳，发展潜力巨大"，他"完全有可能成为国际著名数学家"。

成就韦东奕的，除了他的数学天分外，还有知性的家庭教育环境，这些为他日后的学习动力奠定了基础。由此来看，孩子的学习能力，很大程度上取决于父母对他学习习惯的培养。这种学习习惯直接影响孩子的学习成绩，甚至于包括工作以后所取得的成就。

良好的学习习惯会伴随孩子的一生。久而久之，孩子会把对外的学习变成对内的学习，比如修心、修德，让他真正成为独特的自己，这才是学习的最高境界。

培根说，知识是一种快乐，而好奇是知识的萌芽。作为孩子的家庭老师，父母给孩子最好的教育，就是通过培养他的学习兴趣来提升他的学习力。

一般来说，学习力分为以下三个转折点。

（1）学习习惯

古罗马哲学家爱比克泰德说："是否真有幸福，并非取决于天性，而是取决于人的习惯。"一个人的性格相差不了太多，是后天养成的行为习惯、学习环境不同，才让很多人的命运也不一样，从而造就不同的人生轨迹。孩子上学后，父母要对他进行学习习惯的培养，比如，养成放学后写作业、温习一天所学的知识、对第二天要学的知识进行预习的习惯。

（2）好习惯拓展到其他方面

孩子养成良好的学习习惯后，这种学习习惯会拓展到他生活的方方面面，包括他选择其他的课外书、参加工作后的工作处理方式，甚至于日后的为人处世的睿智，都会依据此习惯。

（3）习惯的"竹子效应"

所谓"竹子效应"，就是指一个人的厚积薄发。竹子的生长规律是从默默无闻的忍耐,到后期的突然爆发。由于竹子根部深埋地下,前4年其根每天只能长大3cm。由于不见天日,没人能看到那3cm。但就是靠着每天3cm的龟速生长,让竹子的根基打得扎实、结实,这4年时间是竹子在积蓄强大的实力。第5年笋芽破土而出,横空出世,并以每年30cm的速度在6周时间长到15米高,其爆发力已经成为自然界的奇迹。

3. 有兴趣才能让孩子拥有"最强大脑"

"玩物丧志"是个贬义词,原指一味玩赏无益的器物,因为人们过于沉迷其中不能自拔,时间长了就丧失了做其他事情的能力,从而消磨人的志气。这是一个成语,也是一句古话。提醒我们要有选择性地爱好某一种物品。

"玩物"真的能丧志吗?

《易经》中提到"一阴一阳之谓道"。任何事物都有阴阳两面,并没有绝对的正确和错误。"玩物"也是如此,并非真的就"丧志"了。而是如何掌握一个度,这个度就是舍弃缺点取其优点。

爱因斯坦说过,兴趣是最好的老师。特别是对于孩子来说,他若喜欢一种"物品",就喜欢得很纯粹,能给予他精神上的慰藉。带着这种兴趣,他会用心地、专注地、自发地去看去学去揣摩,甚至于进行研究,最后成为某个领域的大家。

祖冲之出生于官宦之家,他的祖父祖昌曾担任宋朝大匠卿,父亲祖朔之做过"奉朝请",因为才华出众,经常受皇室之邀参加典礼、宴会。弥漫着书香的家庭环境为祖冲之提供了良好的教育氛围。

祖冲之很小的时候就对天文学、机械制造具有浓厚的兴趣。为此,爷爷多次给他讲"斗转星移"来满足他的好奇心;父亲则通过教他读经书典籍来让他带着兴趣从知识中寻找答案。正是得益于家庭中的熏陶和耳濡目染,激发他为了寻求科学真相不断地去探索。

为了弄清楚天地之间的秘密,少年时代的祖冲之从来不和小伙伴在外面嬉闹,而是把自己关进房间里痴迷地苦读关于"数学"方面的书籍。他学习时主张不"虚推古人",不把自己束缚在古人陈腐的结论之中,而是亲自进行精密地测量和仔细地推算。像他自己所说的那样，每每"亲量圭尺，躬察仪漏，目尽毫厘，心穷筹策"。

对科学的刻苦学习和钻研精神，让祖冲之在青年时代就有了博学的名声。有一天，祖父带他拜访一个精通天文的官员何承天。何承天很欣赏天文知识渊博的祖冲之，忍不住好奇地问："研究天文不但很辛苦，而且既不能靠它升官，也不能靠它发财，你为什么还要钻研它呢？"

祖冲之语气坚定地说："我不求升官司发财，只想弄清天地的秘密。"

从那以后，祖冲之遇到不明白的问题，就去请教何承天，他们一起研究天文历法和数学，以及各种机械制造等。通过持之以恒的钻研和不断的实践，他在数学、天文学、文学等领域都有所成就。

孔子说，知之者不如好之者，好之者不如乐之者。就是强调兴趣在一个人的成长过程中起着多么大的作用。作为父母，面对孩子醉心于某种"玩具"、爱好时，一定要对他进行合理的引导。

在日常生活中，父母要多留意孩子真正感兴趣的"玩物"，多给他们提供能激发兴趣的空间。

歌德说，哪里没有兴趣，哪里就没有记忆。适当地引领孩子向他感兴趣的方面发展，才能真正地开发他的学习兴趣。

2022年，"天才"滑雪少女谷爱凌在北京冬奥会上夺得两金一银的好成绩。这个聚"完美"于一身的女孩是中美混血。除了滑雪以外，篮球、长跑、攀岩、骑马等，都是她的强项。她还喜欢写作、摄影、拍戏、弹琴、唱歌等，同时还是妥妥的学霸，参加美国高考时以差20分就满分的1580分，考上了美国斯坦福大学。

谷爱凌性格乐观开朗、热情大方、勇敢、爱笑，对周围的人彬彬有礼，十分招人喜欢。这个人见人爱的女孩，来自单亲家庭。母亲谷燕是北京人，毕业于北京大学后前往美国留学，获得斯坦福大学MBA学位。谷燕的母亲冯国珍是原交通部体改司高级工程师。对谷爱凌的家庭教育，妈妈和奶奶（因是单亲家庭，谷爱凌称冯国珍"奶奶"）一开始就注重培养她的兴趣。

谷爱凌小时候，奶奶和妈妈为她提供了自由玩耍的空间，比如，让她在院子里爬树，带她到野外接触大自然等。在她们看来，孩子有了学习兴趣，学什么都容易。喜欢滑雪的妈妈会把3岁的谷爱凌带到滑雪场，带女儿去的目的，不是强迫她学滑雪，而是放手让她在宽阔的雪野中寻找乐趣。果然，她在雪地里玩着玩着就喜欢上了滑雪。

同样，奶奶和妈妈并没有强迫谷爱凌学习中文，而是带她融入学中文的环境，在家和她说中文，教她认汉字，这种培养兴趣的方式，既告诉谷爱凌不要忘本，又能引导她的兴趣。

牙牙学语的谷爱凌听奶奶教中国话："我们是中国人，我们的根在中国。"她对这种语言就有了亲切感。从3岁开始，她们带着谷爱凌回国，住在北京的大杂院，吃家乡的美食，学中国文化。平时在美国也是以中国传统家常菜为主，过春节包饺子。用中国的传统和中国的文化熏陶她。

就是在这样的家庭教育中，谷爱凌拥有了"最强大脑"。她不但门门功课全优，还把多项业余爱好都学成了专业的水平，并且在比赛中多次获奖。

黑格尔说过，一个深广的心灵总是把兴趣的领域推广到无数事物上去。父母若想引导孩子对学习感兴趣，就要充分发挥孩子在学习过程中的主动性、积极性。

（1）关注孩子的兴趣点

孩子对什么事物有浓厚的兴趣，什么事物就吸引他。他的大脑会对有兴趣的东西拥有深入的记忆，父母可以运用这一点来锻炼他的记忆力。这就需要父母平时跟他聊天时，多关注他提到的话题。除此以外，还可以帮助他找到兴趣点。比如，让孩子主动接触画画、唱歌、演讲、打篮球、踢足球、做手工等，去发现孩子的兴趣点。

每个人生而不同，孩子们是带着不同的使命来到这个世界的。天才很少，但是"偏才"很多，父母要用一双善于发现"偏才"的眼睛去寻找他们。

（2）因材施教

人们常说，知子莫如父，知女莫如母。虽然说每个孩子生来有差异。但由于父母和孩子相处的时间长，对孩子的优点和缺点还是有所了解的。父母可以根据他的不同性格加以引导，这样就能激发他的兴趣点。

（3）让孩子养成认真做事情的习惯

培养孩子做事细心认真的习惯。比如，孩子每天写作业这件简单的事情，如果他写的作业认真工整，老师看了就会表扬孩子；有了老师的表扬，他的虚荣心得到满足，学习起来就格外卖力。只要他想学习，成绩也会好起来，这些都将成为他学习的动力。

（4）培养孩子正确的兴趣、爱好

父母要通过科学正确的方法，让孩子分清楚什么是有益的爱好，什么是有害的爱好。只有树立孩子正确的观念，他才不会染上坏的习惯和爱好。告诉孩子，好的兴趣和爱好，都能够让人受益。比如,读书、画画、唱歌等,是陶冶情操,给人思想或是心灵的洗礼;学习下棋,能培养思维能力;热爱体育运动,在增强个人体质的同时,还能提高记忆力,等等。

4. 自立的孩子更有竞争力

海明威说过,杀不死我们的困难,都会使我们更坚强。一个具有坚强意志力的人,即使成就不了伟业,也比一般人生活得洒脱。

对于孩子来说,坚强的意志力,是他快乐成长的精神食粮,能让他体验成长过程中的诸多美好。

"十年树木,百年树人",教育是一个漫长的过程,多年的教育理论和实践研究告诉我们,孩子成长中最关键的是家庭教育。作为父母,究竟要把孩子教育成什么样子?这取决于每个人对孩子的人生规划。

有一次，我在给学员讲到对孩子要进行挫折教育时，有位妈妈说道："我不太认可您提倡的'挫折教育'，我小时候受过太多的苦，吃苦受累地留在城市里，就是想让我的孩子不要像我这样受罪。所以，只要有我在，就不会让孩子受罪。"

她的话立刻得到其他几位父母的附和。有个做了爸爸的学员说："我儿子刚出生时，我就给他买了各种保险，我和他妈妈也都有保险。现在他才上小学，我已经给他准备了两套房子，一套学区房，一套大的婚房。将来我们不在了，我们住的这套房子和学区房，他可以收租金。当年我白手起家吃尽了苦头，实在不想让孩子再吃苦头了。"

有位年轻妈妈开始反对："我觉得让孩子受点苦，对他来说是好事。我上高中时父母在一年中相继去世，我感到天都塌下来了，好长时间走不出来。父母的后事都是哥哥帮着操办的。我哥哥上初中时，父亲生病，母亲身体也不好，他过早挑起家中担子。一边照顾父母，一边完成学业。后来他对我说，他能够在家庭接连出现变故时忍痛坚持，就是因为他作为家中的长子，从小就帮父母挑起养家的重担。因为要兼顾学习，他上小学时学会了时间管理来平衡干活和学习时间；

因为深知肩上的责任之重,即使再困难,他也要迎难而上。"

我并不反对父母为孩子提供优越的物质生活。的确,很多父母拼尽全力地打拼,就是为了给孩子提供舒适的生活,想着自己一个人多受点苦,用积累下来的钱财,为孩子安排好以后的生活,这样好让孩子衣食无忧地过好一生。

假如孩子的生活可以安排,那么,父母这样的想法无疑是万全之策。但是,天有不测风云,人有旦夕祸福。万一父母年老或是突然生病,不能再做孩子的庇护神了,怎么办?

对于孩子来说,此时重要的不是你留下的钱足够孩子花一辈子,而是他如何在心理或是精神上来承受突如其来的变故。作为未经世事磨砺的孩子,因为被大人过度保护,会让他觉得生活就像风和日丽的明媚春天这般美好,如果偶尔来一场沙尘暴,他就会茫然不知所措,迷失在风中,找不到回家的路。别说面对人生挫折或是灾难,哪怕是生活中出现一点点坎坷,他可能就无法承受,别说去面对和解决了。

父母可以试想一下,当有一天自己不在了,孩子一个人面对生活突然发生变故时的无助、崩溃和绝望。

每个孩子都是独立的个体，我们究竟要把他教育成什么样子呢？其实最基本的要求，就是在父母百年之后，或者家庭突遭变故时，我们的孩子仍然能独立自主地处理好眼前的变故，自己安排好以后的生活，平安、健康、快乐地度过一生。

人生充满变数，家庭无法护佑孩子一生的周全。成功的家庭教育，父母不能只是供养孩子衣食无忧、学习成绩好就万事大吉了。更要锻造他面对挫折的毅力、抵抗意外风险的能力、突破困境的忍耐力，这样孩子才能在人生的每个阶段健康成长。

2019年，林万东以理科713分的高考成绩被清华大学录取。收到通知书那天，他顶着烈日，在工地上背几百斤重的沙子，汗水湿透了他的衣衫。

林万东出生于云南省宣威市阿都乡的大山沟里，父亲因为身体患病，不能从事繁重的体力劳动，家里还有年迈的爷爷，以及跟他一起上学的姐姐和弟弟。一家六口人的生活开销，全部落在母亲一个人身上。

为了多赚点钱，母亲长年在昆明的工地做砖头水泥搬运工。每次看到过度劳累的母亲那羸弱的身体时,林万东就偷偷地抹眼泪。学习之余,他的所有时间都用来帮助家里干农活。每到假期,姐弟三人早出晚归地到田里干活,晚上夜深人静时再挑灯苦读。

虽然家庭经济拮据,但不识字的父母对孩子们的教育很重视。家里再苦再难,都不会耽搁孩子们的学业,想尽一切办法解决孩子们的学费和生活费。

父母面对困难和困境的乐观态度影响着姐弟三人,他们回报父母的是一摞摞奖状。看着父母一脸欣慰地翻着他们的奖状,林万东内心无比喜悦,暗下决心,要用最好的学习成绩回报父母。

高考结束后,当很多孩子扔书狂欢、结伴旅游放松时,林万东却选择跟着母亲去工地搬砖赚钱贴补家用。每天高强度的工作,让他的身体更瘦弱,酷暑的烈日,晒得他的皮肤黝黑黝黑的。但是,正是这种烈日下的体力锻炼,让林万东的意志力变得更加坚强。

经过苦难生活洗礼的林万东,在困境中为改变贫困的家庭和实现自己的梦想而斗志昂扬，这种持之以恒的自强不息的拼搏精神，已经磨炼了他钢铁般的意志。相信在他未来的人生之路上，无论出现多么大的挫折，都不能阻挡他前行的脚步。

作为父母，我们一定要明白，家庭教育的初心，就是要关注孩子的精神力量、钢铁般的意志，这才是孩子人生的重要力量。孩子学习的目的，除了考入好的学校外，还要学习克服困难、应对挫折、解决生活困惑的能力。

孩子考入学校不是学习的结束，更不是学有所成的终点，而是真正的学习刚刚开始。因为孩子最终要走上社会，通过和不同的人打交道来共谋事业，只有学会处理好各种各样的关系，他才能跟人愉快相处，合作共赢，从而立足于这个时代。

在日常生活中，我们看到周围很多孩子连学校作业的压力都承受不了，同学关系不和睦导致心情不好，老师批评两句承受不住，伤心了、抑郁了，更有甚者自杀了。对生活的小小磨难没有勇气，却有勇气终结自己宝贵的生命。这或许是一种心理疾病，但这种心理疾病若没有解决方案的话，将会贻误孩子的一生。

自古英雄多磨难,从来纨绔少伟男。家庭教育首要的任务,就是要给孩子一种强大的精神力量和钢铁般的意志。唯有如此,才能让孩子直面困难、勇敢面对挑战;唯有如此,父母才能坦然放手,让孩子在外面广阔的世界自由展示才干。

培养孩子的自立,父母可以让孩子从以下几点做起:

(1)做力所能及的家务活儿

针对孩子的年龄,父母分给他做适合他做的家务活儿。从洗自己的碗筷、衣服到洗全家人的碗筷、衣服开始做。上小学时,让他跟着大人一起收拾、清扫房间,还可以教孩子做简单的饭菜等家务活。并且把做家务活当作习惯,长期坚持下去。

父母让孩子做家务活儿的目的,是锻炼他做小事的耐性,由小及大,以此来养成注意细节的习惯。

(2)选择一项爱好并坚持下去

每个孩子都有自己的喜好,比如画画、书法、写日记、唱歌、下棋等，但能一直坚持学下去的却很少。父母要做的就是不断地激发他对爱好的热情，引导、表扬、激励、鼓舞，或是根据他的性格"激将"他，总之，想尽一切办法让他学下去，越久越好。

孩子有一项爱好，能为他当下的学习、未来的生活增添色彩，学习之余的爱好，还能开发孩子的智力。即使他将来参加工作，有一种爱好也是让他精神放松的一种方式。

（3）通过做一种运动项目锻炼意志

心理学研究显示，运动有助于健脑，缓解大脑疲劳，能有效推迟和减缓大脑衰老，让思维更加敏捷。但更重要的好处是锻炼一个人的意志。当孩子长时间坚持重复一个动作时，他会经历五个阶段：新鲜感、厌倦、枯燥想放弃、成为习惯、长期坚持，这个过程是孩子心理成熟的过程，有助于他做事不会一遇到挫折就放弃。

孩子坚持做一种运动项目，是让他通过进行体能的极限运动，来提高他的意志力。

（4）延迟满足

我们都知道，再贵重的东西，一旦得到的太容易就不会珍惜。对于孩子来说道理是一样的，太容易得到的东西，他不但不珍惜，还会让他养成饭来张口、衣来伸手的懒惰习惯，对他的学习及生活没有任何好处。所以，父母要奖励孩子时，要让他等待一段时间，但并不是让他单纯地等待，而是在这段时间里，让他行动起来，通过付出劳动，经历各种努力再给他。会让他有一种来之不易的感恩之心，同时让他明白，任何东西的获得，都需要付出对等的辛苦。

延迟满足孩子，是为了让他在经历等待的过程中，培养他的耐心和意志力。

第 5 章

热爱生活，体验成长的快乐

盛年不重来，一日难再晨。及时当勉励，岁月不待人。

——陶渊明

1. 生命高于一切，让孩子学会自我保护

作为孩子的监护人，父母是唯一能够教会孩子珍爱生命的"上帝"，必须早早地对他进行生命教育。

在孩子小的时候，父母就应该告诉孩子，生命只有一次，失去了就再也不能回来了，让他一定要懂得自我保护。不但要爱惜自己的生命，还要尊重他人的生命，包括动植物，它们历尽自然界的暴风骤雨，仍然坚强地生存，这种对生命的热爱精神，是值得我们欣赏和爱护的。教导孩子在与别人相处时，要做到善待他人，不欺负外面那些弱小的动物，平时要爱护、保护自然环境……

父母要随时随地对孩子进行生命教育。特别是在孩子幼

儿时期，当他对死亡有恐惧感时，父母要及时加以引导，把他的恐惧当作他珍惜生命、珍惜健康的一个闪光点。给他讲解生命的真相，并让他认真思考生命的意义。

在日常生活中，父母还要把"珍惜生命"的理念传递给孩子。让他懂得，关爱生命首先要做到自己爱自己，珍惜生命就是要学会自我保护。

孩子到了适当的年龄，父母要和他讨论一些关于生命伦理的问题。比如，生命的价值和意义在于对自己负责、对父母负责；长大以后，他要对家庭负责、对社会负责。通过提出问题让孩子对生命的认识有一个迅速提升。比如，为什么有的人会有自杀的念头？当我们的生命遇到危险时怎么应对？等等。

在跟孩子探讨这些问题时，父母一定要引导他往积极方面做思考，认真对待他提出的问题和疑问，并且给出正向的、让他心服口服的答案。让他明白，生命的可贵在于其坚固的韧性和自由度，只要不放弃，任何困难、挫折以及他人的恐吓都不敢也不能夺去我们的生命。所以，一定要珍惜自己的生命。

孩子是社会和家庭的未来与寄托。父母对孩子进行生命保护与安全教育，就是要在他们的生命中播下一粒安全的种子。需要父母平时多对孩子进行安全知识的培训，这样才能达到润物于无声、寓教于无形的效果。

（1）给予直接危害孩子生命的忠告

父母要严肃告诫孩子，不能触碰打火机、爆竹等易燃易爆物品，明火对家庭、学校和公共场所危害性极大，在家里一旦发现煤气泄漏，要及时关紧阀门，打开门窗通风，并迅速撤到室外；不要用潮湿的布擦拭电器外壳，更不要随意触摸损坏的电线、灯头、开关、插座等；在外面走路时，要注意看周围的车辆，一定不要跟他人或车辆抢路等。

（2）拒绝陌生人突如其来的好意

让孩子注意安全，善于识别坏人。不要接受陌生人的钱财、礼物、玩具、食品，与陌生人交谈要提高警惕，不接受陌生人的任何馈赠。

（3）面对危险，要随机应变

放学后要按时回家，如果遇到特殊情况耽搁回家，必须想办法告诉父母；不要一个人往返偏僻的街巷、黑暗的地下通道，或去偏远的地方游玩；不和同学结伴到河边、水库、池塘、水井等危险的地方玩耍等；在外面遇到突如其来的意外事件，或自己不能解决的事情时，要立即寻求大人的帮助，等等。

（4）阅读积极向上的书籍

父母平时要多给孩子讲一些名人、伟人的故事，以及媒体上自强不息的人物报道的新闻，告诉孩子，这些生活的强者身陷困境和绝境，为什么还是不放弃生命。是因为他们懂得生命的伟大在于，能克服一切困难、世界上没有任何困难可以打败自己。在我们克服困难过程中，也是让自己变得强大的过程。

2. 面对校园霸凌，告诉孩子勇敢说"不"

2019年，电影《少年的你》上映，再次把"校园霸凌"事件推向社会大众，向我们展示了隐蔽在校园里的那些见不得光的"罪恶"。

中小学生，原本是一个如花般美好的群体。在我们的想象中，他们本该是徜徉在知识海洋里的一群积极乐观、开朗自信花儿般的少男少女。作为祖国未来的建设者、开拓者、保护者，他们也是最应该受国家法律、社会保护的一代人。

然而，谁都想不到，在校园这个洋溢欢声笑语、充满朝气蓬勃的单纯温暖的乐园里，却有一双双稚嫩罪恶的手伸向无辜的孩子。因为各种原因所致，这些被欺凌的孩子无法获得父母、老师的保护,从而成为弱势群体。

2020年,湖南吉首市一名初中女孩对父亲说,她在学校长期遭受一个同学的威胁、欺负。这个同学多次写信辱骂她,现在她书包里还有那个同学写的两封恐吓信。有次甚至把她推进厕所,对她进行侮辱殴打,抢走她身上仅有的30元钱。并威胁她,如果把这事告诉他人,就加大力度对她惩罚。

因为这个女孩性格内向,胆小怕事,面对对方的多次欺凌,她一开始不敢声张,怕遭对方报复,导致那个同学越来越张狂,对她肆意谩骂侮辱。女孩不堪忍受,出现厌学情绪,多次向家里提出想退学,一提到上学全身就发抖。日常表现也跟以前不一样。父母带她去医院检查结果显示"非典型精神病"。

奥地利心理学家阿德勒说过,幸福的人用童年治愈一生,不幸的人用一生治愈童年。由此可见,对于未成年的孩子来说,来自他人的极端伤害会伴随孩子的一生。所以,校园霸凌一旦发生,带给孩子的伤害才刚刚开始。即便这个施暴者对遭受欺凌的孩子停止施暴，但是曾经被侮辱、无故暴打的痛苦经历，会成为孩子一生的噩梦，对他们以后的生活造成极大的困扰。

当孩子成年后走向社会，他在面对更严重的侵害、欺骗、恐吓、殴打时，他们不会也不敢反抗，任由对方欺负，最后通过伤害自己为施暴者的恶行埋单。所以，作为孩子的监护人，父母一定要肩负起保护孩子的职责。

其实，父母保护孩子，并非每天跟在他身后看着他。而是在他很小的时候，就对他进行反霸凌、反欺负教育。

父母可以先从自己的经历中寻找原因，借鉴其中的可取之处，再反观自己对孩子平时的教育，然后根据孩子的不同情况来调整和完善对孩子的保护方法。

我上初中的时候，班里有个性格内向的女生。她学习成绩不好，有时还不写作业，平时几乎不说话。因为她总是考试不及格，老师多次批评她不好好学习。

我们见老师不喜欢她，女生就不爱跟她玩，男生爱拿她取笑，给她取各种难听的外号。她的同桌是一个调皮的男生，有次他把一个毛毛虫放她语文书里。她翻书时吓得哇哇大哭，我们就大声地笑。

放学后，一群男生跟在她身后叫她的外号，有的女生跟着起哄。还有男生向她掷石头，看着她如同小兽般惊恐逃走时跑丢了一只鞋。大家就笑得更大声了，还把其他班的同学吸引过来看热闹。

第二天，我们很快就为自己的无知行为付出了代价。她的爸爸和妈妈带着她来学校向老师告状。她的爸爸和妈妈人很和气，她的妈妈说话时，会用温柔的眼光看看她的爸爸。

老师惩罚我们时，她的妈妈还劝老师，说都是小孩子，象征性地批评教育一下就可以了。

她的爸爸热情地跟那些爱惹事的男生打招呼，对他们说，同学之间要相互帮助，男生要保护班里的女生，这样才是真正的男子汉、大英雄。

她父母离开学校之前，还特意走到她桌前说："你看，你有这么负责的老师，这么多一起上学的同学，多开心啊。不要和同学闹别扭。要是受委屈了就给老师说。"

自此以后，大家再没有嘲笑愚弄过她。我们私下里爱讲起她的妈妈，夸她的妈妈温柔和气又好看，还说她的妈妈笑起来眼睛弯得像月牙一样，那笑容亲切又熟悉。后来，我们开始羡慕她有一个好脾气的妈妈。不像我们的妈妈，总爱生气。

跟她接触久了，发现她有很多优点，大家开始喜欢她，并成为无话不说的好朋友，有时还去她家玩。她家收拾得干净整洁，她的爸妈跟我们在学校见面时一样热情。

后来，我们发现她笑起来时，眼睛也像月牙一样好看。才想起原来她的妈妈那熟悉亲切的笑容，我们早就在她这里看到过。只不过那时从来没有注意过她。

虽然我这个同学的经历具有年代性，但是从她父母介入处理这件事来看，应该算是很成功地保护了他们的女儿。作为"旁观者"，我得出的经验就是，孩子有一个温暖有爱的家庭，也是能让他少遭受校园霸凌的原因之一。

父慈母柔，营造出的家庭氛围是和睦宽松温馨的。孩子在这样的家庭中成长，习惯了父母的关爱和家庭温馨的环境，一旦在外面受到委屈，或是遇到自己不能解决的纠纷时，他第一时间就是求助父母。

她的父母解决方式是柔中有刚,看似对我们每个参与"欺负"他们女儿的人很宽容大度,实则告诉我们:"你们若再欺负我女儿,我们还会找到学校让老师惩罚你们。"

父母用行动向女儿证明:别怕,只要爸妈在,任何问题都能解决。因为他们既维护了女儿的尊严,又化解了女儿的困难,同时又让女儿和同学成为好朋友。这样会让她对父母更加信任。

家庭教育对于孩子的重要性不言而喻,人的聪明智力有高下之分,但在和谐友爱的家庭氛围中成长的孩子,其人格、心理方面表现得更健全。因此,父母要想让孩子预防来自外界的侵害,就要为孩子营造民主、安定、温暖的家庭环境。

(1)父爱和母爱,为孩子创建永远的避风港

良好的家庭教育环境是父母携手创造的,正如孔子在《论语》中提到的"父父、子子",就是说父亲要有父亲的样子,儿子要有儿子的样子。在一个家庭中,父亲作为家中的顶梁

柱，要具有一家之长的涵养、胸怀、格局，显示的是一种大爱，就像大山一样巍然屹立，厚重而沉稳，用责任和担当支撑这个家，守护着儿女；母亲的爱像春晖一样温暖，像海洋一样宽广，像月光一样轻柔，让孩子沐浴在这样的爱河里，才能茁壮成长。一个家庭拥有了这样的环境，才能成为儿女永远的避风港。而孩子在外面碰到任何事情，或者是有什么烦恼，也会第一时间向父母倾吐。

（2）父母良好的修养，培养孩子健全的人格

良好的家庭氛围，来自严父慈母的相互陪衬。因为我们的父母也是第一次为人父母，他们也需要通过学习来加强自身修养。这就需要父母通过学习科学教育方法、为人处世的气度，以自身的偶像和榜样力量影响和熏陶孩子。同时，夫妻之间相处要做到恩爱互让，对老人孝顺，平时言谈中做到谈吐有礼。孩子在这种氛围中长时间耳濡目染，其性格也会变得自信阳光。

（3）父母合力同心，塑造孩子健全人格

在教育孩子时，父母要针对孩子的个性加以引导，特别是对孩子进行是非、品德、纪律等教育时，父母通过适合他们的教育方法，帮助他们树立起积极乐观、健康向上的人生志向，远离丑陋邪恶，以此来养成良好的品质和健康的心理。

(4) 父母配合学校，随时关注孩子是否有异常行为

父母平时要教育孩子，不要跟同学有争执、打架，如果确实有矛盾纠纷无法自行解决，可以找老师处理，或是告诉父母来想办法。除此之外，父母要多和孩子的各科老师加强联系，了解孩子日常表现。同时，父母也可以通过跟孩子的同学沟通，来了解他在学校跟同学的关系。多找机会跟孩子的老师和同学互动，父母就能大致了解孩子在外面的情况。一旦孩子跟他人有过节和冲突，父母就能做到及早介入，这样或许能让孩子避免或者远离校园暴力。

3. 技能傍身，孩子终身受益的才艺

一个多才多艺的孩子，会在未来的生活和工作中拥有较多的选择和机会，让他体验到生命的多姿多彩。因为他在学习技艺过程中所遭受到的困难和挫折，能磨炼他的心志。可以说，孩子多种技能傍身，会让他终身受益。

我有个高中同学，大学时学的专业是汉语言文学。他在大一时，周围的人劝他换专业，说学这个专业找不到好的工作，尤其是男生，将来难以养家糊口。

他笑着对劝他的人说，他不信这个邪，偏要试试。结果他毕业后，很快进入一家事业单位做宣传文员。几年后，他

升为处长。之后他的事业一路开挂，可谓是顺风顺水。

他上高中时除了学习成绩好，还会画画、唱歌、弹琴、演讲、踢足球、打篮球等，还多次代表我们班和学校参加各种比赛，奖品拿到手软。在我们学校是不可多得的才子。

进入高三后，很多同学以学习紧为由丢掉了喜欢的爱好。唯有他乐此不疲，一直坚持参加学校举办的各种比赛。高考前一个月，他还代表学校参加地区举办的演讲比赛，拿回一个二等奖。高考时，他又以优异成绩考入省重点大学。

很多人称他是"天才"，他不认可。最典型的例子就是他在练习演讲时，他说那时自己的压力是普通话不标准，又是代表学校，还赶上高考在即，他在练习时紧张到无法掌控情绪。平时练习时，他有好几次演讲到中途就忘词了。

那段时间，他白天为高考奋战，晚上还要抽出时间来练习。很多次他因为对自己练习演讲时的表现不满意而想放弃。但是他咬紧牙关坚持训练，累了就到操场打球、唱歌，或是写诗抒发压力。

经过这一系列教科书式的自我激励，他战胜了那个"紧张到语无伦次"的自己，当他站在上千人的舞台上慷慨激昂地演讲时,他甚至忘记了自己身在何处。随着台下热烈的掌声经久不息地响起,他对自己说:"谢谢你的坚强。"

正是为了学习各种技艺,锻炼了他坚强的意志,磨炼了他的心志,使他在克服一次又一次的困难中变得强大起来。更令他受益的是,在学习这些技艺的过程中,让他身体的各个感官都得到了快乐,而在学习过程中,他还结交了很多志同道合的朋友……在见识不同的人之后,他的视野开阔了,眼界打开了。

他觉得最大的快乐,不是收获奖状和奖品,而是在学习过程中感受到生活的精彩。为了不耽搁学习和爱好,他会科学地安排学习时间。令他惊奇的是,很多学习是相通的,虽然同时学习多项技艺,但他学起来很轻松。

大学毕业后,学中文的他因为爱好很多,选择就业面也广,很多企业面试他以后,会向他伸出橄榄枝。

在工作中,因为他会各种技艺,所以,他跟领导、同事、客户有很多的共同话题。有时公司举办一些活动,他都会出谋划策,并且办得很好,深得领导的青睐,让他在职场上一帆风顺。

由此来看，不管是学习还是工作，多种才艺傍身，会让我们拥有更多的选择。古人说，活到老，学到老。就是在告诉我们，学习是一种全面成长，既拓展了知识面，又能在学习过程中悟到很多平时体会不到的真理，同时又能让我们在将来的工作和生活中处处受益。特别是冲过道道难关，到达一个目标时，那种愉悦之情，只有亲自经历过的人才能体会到。

高尔基说："经常不断地学习，你就什么都知道。你知道得越多，你就越有力量。"一个人唯有在浩瀚的知识海洋里，才能吸取精神的力量，一个具有强大精神力量的人，会把人生路上的坎坷变成努力前进的动力，会把一次次磨难视作自己成长的机遇。

我小时候身体不好，三天两头生病。有医生建议我学一个运动项目锻炼身体。我就选择了游泳，刚开始学时不懂要领，经历过多次呛水，中途想过放弃。在父母的鼓励下，我坚持了下来，自此很少生病。一直到现在，我的身体都特别好。

通过游泳，让我养成了自律的习惯，只要我打算学习什么，就能坚持下来。

孩子不管学什么，都离不开父母的督促和激励。父母要在孩子小时候多抽出时间监督他学习各种技艺，让他喜欢并坚持下去。

（1）发现

正如世界上没有相同的两片树叶一样，世界上也没有相同命运的两个孩子。每个孩子都有自己的特点、天赋、长处。父母要做的就是发现他的特长和优点，再加以针对性地激发他的学习兴趣。

（2）引导

面对孩子的特长和优点，父母要根据他的实际情况加以引导，在尊重孩子的基础上为他制定学习方法，一开始不要给孩子太多压力,尽量让他以兴趣为主来学习,慢慢培养他的学习习惯。

(3)配合

孩子在学习过程中,父母除了给他提供必备的学习工具外,还要给予孩子精神上的配合。比如,父母要耐心地解答孩子提出的问题和疑问,对于孩子一时理解不了的问题,父母要和孩子一起寻找答案。

(4)鼓励

哪怕是做喜欢的事情,三分钟热度后开始冷淡,这是很多孩子的通病。所以,当孩子觉得枯燥想放弃时,父母既不要任由孩子任性,也不要用语言激怒他,而是冷静下来后,和他一起寻找解决"学习枯燥"的方法。

平时,父母可以给孩子讲一些名人故事,或是通过孩子崇拜的人的事例来鼓励他,让他明白,他心目中的英雄和偶像，也曾经像他一样无数次地想放弃。只不过他们用自律和坚持战胜了想要放弃的自己，才让他们有了今天的成就。

（5）表扬

孩子有进步时，父母对他的表扬不能仅限于口头，还要做出实际行动，给他一些他喜欢的奖品，或者是满足他提出的要求，或者是给他半天自由支配的时间来犒劳自己。总之，要想让孩子感觉到学习的乐趣，就要设置阶梯式的奖励，让他体验物质和精神上的双重快感。

（6）平常心

父母要谨记，孩子学习任何技艺的目的，要建立在他爱学、想学、乐学的基础上，让他真正体会到学习的快乐。不要奢望孩子将来要成名成家，或是成为风光一时的小明星。而是怀着一颗平常心教育孩子，父母要想办法让孩子在学习过程中获取成长的快感。在坚持的过程中，哪怕他每天进步一点点，久而久之，他的努力就会有所收获。

孩子只要能坚持下来，就是难得的进步。因为坚持会成为一种习惯，有助于孩子将来做其他事情。

4. 广泛的兴趣，丰富孩子的精神生活

有一个朋友问我，能不能写这样一本书，让孩子看了以后就会从电子产品中解脱出来。原来，她上初中的儿子只要一有时间，就抱着手机玩个不停。有段时间儿子脖子酸疼，他们带他到医院看病，医生说是因为他长时间低头看手机导致的。

回来后儿子倒是不抱着手机看了，但是他改成在电脑上玩游戏。她提出让儿子把上网的时间用来看书时，儿子就会对她说："天天看书，我觉得活着真没有意思。"

她说，每次看到儿子不是刷手机就是上网玩游戏时，她心里的气就不打一处来，导致她的血压也噌噌上升。一场家

庭战争一触即发。

"我的要求就是孩子哪怕不学习,他做点其他的事情都可以。只要他不天天在电脑和手机上玩游戏,我就心满意足了。"这个朋友无奈地说,"孩子年龄小,正是长身体的时候,他天天对着电子产品,对他的身体真的是没有一点好处。"

相信她的话道出了很多父母的心声,让孩子放下手机,离开电脑,去做对他的身体有益的事情,或许是当下父母对孩子唯一的也是很高的要求了。

柏拉图说,初期教育应是一种娱乐,这样才更容易发现一个人天生的爱好。对于孩子来说,任何一项有益的爱好,皆来自他的兴趣。

不管是"天才"少年,还是在某一领域做出过出色成就的人,都是因为兴趣所致。一个兴越广泛的孩子,他会把时间安排得满满当当。试问这样的孩子,别说花费时间上网,就是父母要求他上网玩,他也没有时间。

张衡是我国东汉时期杰出的天文学家、数学家、发明家、地理学家、文学家，堪称是古今中外少有的著作等身的"杂学家"。

小时候的张衡对这个世界充满热爱和好奇，这让他满脑子都是稀奇古怪的问题。他经常向父母提出各种奇怪的问题：人的影子为什么有时长有时短？一年中为什么会下雨会刮风？天上到底有多少颗星星……

面对孩子五花八门的问题，父母总是给予耐心的解答。对于难以解答的问题，父母就搬出家里的藏书，让他自己从书中寻找答案。

正是由于父母针对他兴趣的培养，为小张衡的好奇心插上了展翅高飞的翅膀。当他无法从大人那里获取到满意的答案时，他就抱着书读个不停。

渐渐地，喜欢看书成为他最大的兴趣，除了自学"四书""五经"外，他还看了很多经典的书籍。他并不是死读书，而是把书中所学的知识用于现实生活的实践中，通过亲自试验来寻找问题的答案。

因为书看得太多太杂，又让他的兴趣增加了很多。他通过阅读天文方面的书而对星星感兴趣，一度成为"数星星"

的孩子；他通过阅读中国古代数学、地理方面的书，又对数学、机械、地理颇有研究；他通过阅读文学方面的书，又对诗词、散文颇有研究……一个有着诸多兴趣爱好的人，他恨不得把每一分钟都掰成两半用。根本没时间去做与兴趣不相干的事情。

广泛的兴趣让张衡成为上知天文、下通地理的博学的全才。长大后，他不但在科学和文学领域具有成就，他还曾经历任郎中、太史令、侍中、河间相等职。

张衡之所以能有这么大的成就，是因为他从小就具有广泛兴趣。是无尽的兴趣，才让他通过求教他人或是不停地学习来寻找答案，求知的过程也拓展了他的知识范围。正如莎士比亚所说，学问必须合乎自己的兴趣，方可得益。

孩子的兴趣并非天然形成，而是源自他小时候的习惯所累积的。作为成年人，应该都有这样的感受,随着年龄的增长，令我们受益的还是小时候学过的知识。小学时学过的古诗和背诵的名作品，多年以后依然能记起。包括我们的生活作息习惯，若不刻意去改，我们是很难改变的。甚至于十来岁时学会的骑自行车,哪怕好几年不骑,也不会忘记。

孔子说过,少成若天性,习惯成自然。好习惯对于孩子的影响至关重要,甚至于关乎孩子的一生。所以,父母要在孩子很少的时候,就要注重培养他的兴趣和爱好。

(1) 耐心观察孩子的喜好

虽然喜欢提问题是大部分孩子的共性。但是,孩子真正的兴趣和爱好是有区别的。因为很多爱好是通过兴趣产生的,而兴趣是可以培养的。比如,当父母看到孩子对绘画、唱歌、下棋产生好奇时,父母可以在这方面加以引导,并为他提供学习模型。

(2) 关注孩子的注意力

孩子很单纯,他在做喜欢的事情时会把所有的注意力放在上面。这就好比孩子玩玩具时,他能好长时间安静地沉浸在自己的世界里。如果碰到这种情况,父母要在平时多向他问相关问题，通过让他回答问题来引导他从其他渠道获取答案。而他求知的过程，就是他学习的过程。

（3）培养正当的爱好

罗曼·罗兰说，使生活不致陷入苦闷单调的方法之一，是养成正当的爱好。孩子正当的爱好，源自他的兴趣点。需要父母在他很小的时候就加以引导和培养。

孩子在六岁以前，他对世界充满好奇，会提很多千奇百怪的问题。这时父母可以引导他。比如，陪他边看书边讲故事、让他在纸上画着玩，或者让他接触黑白棋子、唱歌、写字等，同时，让他养成每天都做感兴趣的事情的习惯，把他一天的时间安排好。兴趣广泛的孩子会觉得学习时间不够用。

（4）带孩子广泛接触大自然

大自然蕴含着神奇的力量，会激发孩子对生活的热爱。面对自然界的花草鸟兽，孩子会因为感到新鲜提出很多问题。

父母在回答孩子的每个问题时，也是让他通过学习的方式了解这个世界，能让孩子开阔眼界和增长见识。

（5）陪孩子玩有益于身体的运动

莎士比亚说，学习必须符合自己的兴趣才能受益。好动是孩子的天性，父母可以带孩子做一些滑冰、跑步、游泳、跳远等运动项目，从中培养孩子的兴趣。开始时孩子可能会有所排斥，父母可以加以各种口头表扬和奖励来鼓舞他。久而久之，他们就会把每天的运动当作一种习惯。

（6）安排好孩子的业余时间

罗素说："幸福的秘诀是让你的兴趣尽量地扩大，让你对人对物的反应，尽量地倾向于友善。"一个有幸福感的孩子，对生活充满热爱。父母要培养孩子广泛的兴趣，就要先给孩子安排好业余时间，可以带孩子积极参加各种活动，比如科学实验、集邮、音乐、舞蹈等，在实践中培养他的兴趣。

（7）激发孩子的好奇心

孩子上学后，父母不能规定他们除了学习还是学习，要给他们留出自由支配的时间。比如，孩子喜欢看动画片，你可以向他提问动画片中的一些有意思的问题，这些问题最好是孩子乐于回答的。或是让他画出他们心目中动画中主角的样子。另外，让孩子广泛了解人类各种各样的创造发明，了解飞机、汽车、电视、电脑等，以此来激发他们认识自然、改造自然的兴趣。

（8）教会孩子适度上网

同样是生在互联网一代的孩子，有的迷恋在网络中不能自拔，受其所害，而有的则通过网络的学习软件，让自己不断地成长。所以，网络是一把双刃剑，父母要充分地利用网络好的一面来引导孩子。

其实，孩子迷恋电子产品，是因为这些产品有很多能够引起孩子兴趣的软件，孩子在这里面获得的快乐，远大于他学习和做其他的事情。那么，如何让孩子远离这些产品呢？

很简单，就是帮助孩子了解网络，上网是为了让我们的生活变得更加便利和丰富多彩。借助互联网结交朋友、查阅资料、学习新知、购买物品、求医问药、休闲娱乐等，让我们节约了成本、提高了效率。同时，父母还要为孩子规定上网时间，尽量让他养成在规定时间上网的好习惯。

5. 劳以启智，赋予孩子生活的智慧

李大钊说："一切乐境，都可以由劳动得来，一切苦境，都可由劳动解脱。"古往今来，劳动对人类的贡献有目共睹，人类的进化就是从使用工具开始的。劳动不但促进了人类的全面发展，还推动了历史的进步，更是成为现代社会进步发展的源泉。

劳动的重要性在于开发人们的智慧。从古代原始的"钻木取火"到现在"神舟七号"的航天员遨游太空，从仅为人们遮风挡雨的栖身洞穴到现代的高楼大厦，从古人的"车马慢"的邮差到现在的"次日达"快递，从古代作为书写载体的有金石、缣帛和竹木简牍到现在的纸质图书和电子书，从

刀耕火种到现代的科学种植、养殖……都是人类通过艰辛的劳动创造的结果，同时也是人类智慧的结晶。

任何一个发达国家的发展都是通过劳动改变的，包括科学的进步、现代化的建筑物、高科技产品、互联网等，也是通过人们的脑力劳动和动手实践出来的。可以说，劳动是人类生存在的基础，是人类体格、智慧和道德臻于完美的途径，是世界上一切欢乐和一切美好事物的源泉。劳动创造了世界，人类因劳动而伟大。

一个人不管从事什么样的工作，他都要通过自己的双手去劳动。而他生活的意义和目的、他的幸福、他的欢乐也在于劳动。

我有个朋友通过多年的打拼，在一线城市拥有了热爱的事业和幸福的家庭。他对我说，让他最怀念的还是小时候跟着父母下田劳作的经历。虽然每次累得汗流浃背，但当他干完一天的农活收工时，回过头看到他劳作的那片庄稼地里，禾苗茁壮成长。被锄掉的杂草会带回家喂家畜，真是一举两得。让他感觉满满的成就感。

在田地里劳作时，为了减轻劳累，他还"发明"了各种劳动方式，比如，让父母分给他一天要干的农活儿，这样他一鼓作气干完活儿后就可以自由支配时间来休息了。他有时会到旁边的小河里捞鱼、捕鸟、找野果吃，或是在树荫下睡觉。那种干完活后的休息是非常惬意的。

有时他还会跟父母比赛，父母在地的这头劳作，他在地的另一头。等干活累了，他直起身看看弯腰劳作的父母，他就有了动力。

晚上收工时，父亲赶着牛车，他和母亲坐在牛车上。当他回看落日余晖，听着归巢的鸟儿的歌声、父母跟乡亲说笑的声音时，他觉得生活实在是太美好了。

那时他经常把到地里干活的经历记录下来，后来这些日记成为他中学时的作文素材。

下田劳作让他体会到父母的艰辛，使他越发珍惜来之不易的学习机会。大学毕业后，他参加了工作，面对同事无法容忍的脏活和累活儿，在他看来却是无比的轻松。

他觉得，只要经历过烈日下流着汗水干农活的辛苦，工作中的苦和累就是小菜一碟。

涅克拉索夫说，人生的意志和劳动将创造奇迹般的奇迹。因为在劳动过程中，我们通过思考来配合双手劳作，既锻炼我们的意志，使我们养成吃苦耐劳的良好品质，又让我们在吃苦的过程中重新认识自己，从而变得更加强大。对于孩子来说，适当地让他参加体力劳动，非常有助于他对生活和学业的重新认识。

在网上曾经看到过这样一则新闻：

有位年轻的妈妈看到女儿不想上学，就用劳动作为惩罚孩子的手段。每到周末，妈妈就带着她在烈日下去捡瓶子和纸箱子，久而久之，孩子慢慢地不再厌学。

另有一个男孩不爱学习，经常不写作业。爸爸通过带他到工地上搬砖，来让他体会干体力活儿的辛苦。几天后，男孩就改掉了不写作业的坏习惯。

其实，我更建议孩子把劳动当作快乐的事情去做，而非像现在的一些父母作为惩罚孩子的手段。因为劳动最大的好处，就是能磨砺孩子的意志，拓展他们的视野。父母要尽可能地为孩子提供劳动的机会，让孩子在劳动中得到锻炼和成长。

苏霍姆林斯基说："儿童的智慧出在他的手指头上。"对于当下的孩子来说，动手能力不能仅停留在学校的手工课上，更要落实在家庭教育中，这就需要父母多为孩子创造劳动的机会。再好的教育，没有实践就是纸上谈兵，只有亲自参加劳动的双手才是"智慧的创造者"。

明朝的李时珍祖上世代行医，他从小目睹医术高超的父亲给人看病。有时碰到家里穷的病人，父亲分文不收。父亲的医德医术深深地影响着少年时代的李时珍，他发誓，长大后像父亲那样致力于治病救人。

李时珍从懂事时起，就跟着父亲到山里采药，协助父亲种植稀有的药材、熬制中药。别看他年纪小，干活却像个小大人，他学着父亲那样培植药材、耐心地熬药。

22岁那年，李时珍开始给人看病。那时候的医生不像现在医院里的医生，是分工合作的。李时珍一个人身兼多职，他负责给各种病人治病，因为病人太多，病症也不同，所以，很多病症通过医书上的方法已经无法解决。李时珍就亲自拜访当时的名医、村夫、渔民、猎人，以及种草药的老农。就这样，他通过倾尽全力地向他人学习，来获取书本上没有的医学知识。为了采集到罕见的药材，他亲自到全国各地遍寻草药加以研究。

李时珍怕新发现的药材贻误病人，每次他都要通过亲口品尝、亲自调制来确定药性和药效。对于比较珍贵的药材，他会采集些种子带回家自己种植。

经过27年的劳动实践，李时珍医好了不计其数的病人，还编写了记载1800多种药物的《本草纲目》，书中详细记录了药物的作用，为了方便人们辨认和运用，还为每种药物配了对应的图片。这部神奇的医学著作，堪称医学宝典，为全世界的从医者提供了宝贵的参考，成为人类伟大的医学财富。

这就是劳动带给人类的智慧，这种智慧是人类通过在大自然中的劳动产生的。所以，世上任何不朽的作品和结晶，都离不开人与自然的相互作用，甚至于智力的发展、体魄的强健更是与劳动紧密结合在一起。

随着现代生活水平的提高，孩子们对"劳动"的概念是抽象的，在内心深处就把"劳动"当作不好的事情看待，认为学习不好将来只能通过体力劳动维持生计。这种观点有失偏颇。

实际上，劳动不只是到田地里劳作，生活处处皆劳动。父母可以让孩子在家里收拾家务，洗碗、洗衣服、拖地；孩子在学校里要积极参加打扫卫生、为老师做一些力所能及的事情等。

不管在什么年代，人类从事的任何一种有益的社会劳动，都是一种进步。因为人们通过求生存谋发展获取物质精神产品的活动中，为了达到高效率，会激发我们的思考，从而逐步探索，不断认识新事物，为社会创造和积累更多财富的同时，也在劳动中自我完善。所以，父母要多提供机会让孩子参与劳动。

(1) 自己的事情自己做，锻炼自理能力

劳动是每个人生活中必不可少的一项最基本的技能，孩子将来生存于社会中，离不开劳动。对于孩子来说，越早让孩子接触劳动，能锻炼孩子的独立能力，比如，在他两三岁时就教他自己穿衣、刷牙、吃饭、喝水、大小便等。

(2) 参加家务劳动，激发孩子的成就感

孩子参与家务劳动，能锻炼他的思考力。比如，让他扫地、拖地、洗衣服、擦桌子、洗碗、整理衣物等，当他把乱糟糟、脏兮兮的房间清理成干净整洁温馨的房间时，会让他有一种成就感，同时还让他体验到动手劳动能创造美好的生活环境，能够培养他的劳动意识，让他更珍惜当下的生活。

(3) 收拾自己房间，培养孩子良好的习惯

让孩子意识到，他的房间就是一块"良田"，需要他靠双手来改造。比如，让孩子独自整理自己房间的学习用品和

玩具、叠被子、叠衣服、收拾书柜和书桌等，每天对自己的物品分门别类、有条不紊地归位，这种动手收拾房间的习惯，有助于他养成良好的生活习惯。

（4）学会烹饪美食，让孩子享受劳动的乐趣

父母可以和孩子一起烙饼、包饺子、做馒头，或者再学几道工序繁杂的菜。为了增进亲子感情，父母和孩子一起分工来做，教孩子尝试做不同形状的面食，或者陪孩子耐心烧一道美味佳肴，在一家人品尝美食的过程中，既能让孩子爱惜粮食，又能让他感受到劳动的乐趣，同时还能融洽家庭成员的关系。

（5）简单的种植和养殖，让孩子爱上丰富多彩的生活

春天的时候，让孩子在阳台学种简单的蒜苗、花草，通过和他一起观察植物从种子萌发到开花结果的全过程，告诉他平时吃的粮食、瓜果蔬菜等，都是人们辛苦劳动的成果。同时，让孩子养殖一些他喜欢的小动物，如小猫、小乌龟、小鸟、小白兔等，让孩子在照顾生命的过程中既能体验生命

的美好,又培养了他的责任感。

可以说,简单的种植和养殖,不但能培养孩子做事情的责任感,还让他在劳动的环境中感受愉悦心情,生活也会变得丰富多彩。

第 6 章

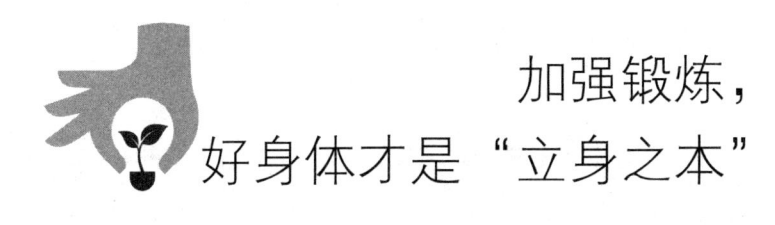

加强锻炼，好身体才是"立身之本"

> 理想的人是品德、健康、才能三位一体的人。
>
> ——高尔基

1. 健康的体魄，孩子成才的根基

健康的体魄是孩子学习文化知识、快乐生活的基础，也是他未来成才的根基。正如克鲁普斯卡娅所说，良好的健康状况和高度的身体训练，是有效的脑力劳动的重要条件。

一个体格健壮、四肢发达的孩子非但头脑不简单，而且还充满睿智。因为这样的孩子充满活力、对外界具有浓厚的兴趣、喜欢到大自然界中去探索，各种奇思妙想会让他保持激情满满的求知欲、学习欲，同时还具有超强的记忆力。

芬兰的于韦斯屈莱大学于2019年的一项新研究显示："在从小学到初中的过渡阶段，中等或高强度体育锻炼水平较高的青少年在学校的表现比不运动的同龄人更好。"

在此之前，西班牙有一家机构经过对一组中学生的调查研究发现，身体健康热爱体育运动的青少年的学习成绩，要优于那些不爱运动的同龄人，同时，热爱运动的健康的青少年，在课堂表现、学习成绩、与人交际等方面表现得更为出色。由此来看，一个平时热衷于运动的孩子，其学习热情和学习成绩表现得更为出色。

实际上，孩子将来无论做什么，必须先拥有健康的身体，才有资本为自己美好的未来而奋斗。

2008年在北京举办的奥运会，让全世界看到了中国的崛起。规模浩大的体育盛会上，我国体育健儿彰显的冠军风采，向全世界展示了中国精神和中国力量。2022年在北京举办的冬奥会，来自世界各地的体育健儿一边尽情发挥自己的竞赛成绩，一边在高科技的食堂里享受中国近七百多道传统美食。在这场举世瞩目的体育盛会中，我国包括"00后"在内的运动员更是顽强拼搏、历经坎坷最终达到目标获得圆满成功。

体育运动之所以深受全世界人们的追捧，除了能让人强身健体，还能激发人们一种困境突围、逆境反杀的永不放弃的精神。

当我们的体育健儿在比赛中勇夺冠军后,五星红旗在熟悉的国歌中、在世界各国人们的瞩目下冉冉升起时,相信每一个在屏幕前看到这个场景的中国人都会激动得热泪盈眶。

今天我国强大的运动团队,再也不是很多年前只有一个运动员的运动团队了。

1932年7月30日下午,第10届奥运会在美国洛杉矶开幕。而我国唯一的运动员刘长春在29日才风尘仆仆地赶到美国。

时年23岁的刘长春因为晕船,他在21天的海上旅途中消耗了大量的体力。到达洛杉矶后,他顾不上倒时差,更没有时间训练,甚至都没有好好休息,就在翌日参加了比赛。

刘长春是一位非常爱国的优秀运动员,他此次跋山涉水地到美国参加奥运会,身负着"体育救国"的使命。

原来,当年野心不死的日本在吉林长春扶持溥仪来建立"伪满洲国"。日本此举遭到全国人民的抗日怒潮。日本人妄图利用"派人去美国参加奥运会"的毒阴谋在国际社会提高"伪满洲国"的知名度。

刘长春那时是我国跑得最快的运动员,这让他成为日本人的首选。因为刘长春所在的学校搬到了北京。日本人就找到他在老家的父母，让他们给刘长春写信转告此事，被刘父一口拒绝。日本人便加以威胁，无奈的刘父只好给儿子写了一封信，等日本人一离开，刘父就带着家人连夜逃往外地。

信还在邮寄的路上，日本人就在报纸上登出让刘长春带队参加奥运的新闻。

刘长春自小亲身经历过日本人的欺凌，很多次他联合小伙伴加以反抗。对日本人入侵践踏自己的国家和家乡，那可是刻在他骨子里的仇恨。所以，当他看到日本人对自己公开诬陷时义愤填膺。愤怒的他立刻就在北平的《体育周报》声明："苟余良心尚在，热血尚流，又岂能忘掉祖国，而为傀儡伪国做马牛。"

为了给日本人划清界限，让他们彻底死心，刘长春又在《大公报》上加以澄清："本人刘长春为中华民族炎黄子孙，绝不会代表伪满洲国参加第十届奥林匹克运动会，一切皆为日本人的谎言！"

刘长春的声明就像一个大耳光打在日本人的脸上，国内百姓消除了对他的误会。这个插曲让原本无意参加奥运会的刘长春，此时突然做出一个大胆的决定，他要代表中国人参加奥运会，通过中国的运动员让全世界认识和了解真实的中国！

就这样，刘长春带着"让全世界人都知道中国是中国人的中国"的梦想来到洛杉矶。

在洛杉矶参加奥运会的其他国家代表团浩浩荡荡，运动员着装极为专业，还有很多的后勤人员提供服务，其场面极为风光。而我国的代表团才6个人，运动员只有刘长春1人，他甚至连一双正规的跑鞋都没有。但是，在场的外国人看到中国代表团举着"中国"的牌子时都充满好奇，特别是看到精神饱满、体格健壮的刘长春时，一下子就颠覆了他们心中对中国人形成的固有偏见。

面对隆重的奥运比赛现场，刘长春也感觉到了各种压力，但他骨子里的爱国热情和长期运动的激情汇聚成一股强大的力量，推着他上了赛场。

长时间的跋山涉水和晕船对身体的伤害让刘长春的体能消耗太大，再加上落后的体育设施，让他在洛杉矶奥运会上没能拿到名次，却让"中国运动员"第一次出现在奥运会上，刘长春也成为中国运动史上的"奥运第一人"。

这次比赛虽然没有让刘长春展现出真正的实力,但带给他满满的自信和昂扬的斗志。他坚信,总有一天,自己国家的运动员会凭借自身的实力,成为奥运赛场上的主角!4年后在1936年第11届奥运会柏林奥运会上,刘长春再次代表祖国出征。

这就是体育精神赋予我们的力量,虽然是孤身一人面对强大的对手,明知失败也要奋勇拼搏,把不服输、不低头、不妥协融入"相互理解、友谊、团结和公平竞争的奥林匹克精神"中去,即便我们要做那孤独的一个勇者,仍然要逆风飞扬。

在多年后的今天,"少年中国"正在崛起,与此同时,奥运精神也赋予中国人民神圣的力量,如今中国的奥运健儿风采鼓舞着国人、震撼着世界,几乎每个运动领域都向世界顶级奋进。我国金牌世界排名前三的位置,不只是让世界看到了中国运动健儿的能量,更是让世界看到了中国力量和奋勇向前的精神。

孩子是国家的未来希望，是建设国家的栋梁之材。拥有健康的体魄，是自我奋斗拼搏的前提，是做好一切事情的保证。所以，让孩子在学好文化知识的同时，加强体育锻炼，提高自身体魄，让身体有力量，用充沛的精力承担起建设祖国的重任，成为能够担当民族复兴大任的好少年。

2. 身心健康，为孩子的成长保驾护航

随着人们生活水平的提高，我国青少年中的"小胖子"越来越多，更值得引起重视的是孩子因胖出现的健康问题，有一些孩子因体重过重而患有脂肪肝、高脂血症，进而导致动脉硬化、高血压、冠心病、糖尿病等多种儿童成人病。严重肥胖者还有可能出现肥胖通气不良综合征，影响孩子一生的健康。

现如今，很多父母过于重视孩子的学习成绩，恨不得一天中所有时间都让他们用来学习。怕孩子学业繁重营养跟不上，父母就一个劲地在饮食上给他增加各种营养，一味地让孩子吃吃吃。

孩子学习压力大，熬夜写作业、疲惫听课后大量吃高热量高营养的食物来补充能量。这样的生活习惯导致的直接后果，就是让孩子过胖、体质差、视力差等。更严重的是，长时间高负荷的学习强度，让孩子在巨大的压力下有了不同程度的心理问题。

近几年，有很多父母找我咨询，问如何提升孩子的学习成绩？他们说得最多的一句话就是：现在的孩子太难管了，一让他们学习就开始闹情绪。

我问他们，孩子平时喜欢什么体育运动？很多父母都回答不上来。也有的父母会说：孩子学习那么紧张，学习才是正事，哪有时间让他玩？

在大部分父母眼里，孩子上学以后就应当是"学习机器"。如果做学习之外的任何事情，在他们看来都是浪费时间。正是父母这样的观点和要求，才让很多孩子把学习看作比身体健康更重要。一旦学习成绩下降，最先出现恐慌情绪的是孩子，这也是造成孩子心理问题的原因之一。所以，父母自己要明白，让孩子读书是为了让他将来更好地立足社会，过上有意义的生活。但前提是孩子要有一个好身体。

蔡元培说："殊不知有健全之身体，始有健全之精神；若身体柔弱，则思想精神何由发达？或曰，非困苦其身体，则精神不能自由。然所谓困苦者，乃锻炼之谓，非使之柔弱以自苦也。"

学习和生活都是建立在身体健康之上的，健康的身体是保证孩子持续学习、快乐生活的前提。特别是对于求学阶段的孩子，健康的生活方式非常重要。这需要父母积极干预，通过调整孩子的生活方式、饮食习惯，以及体育运动来增强他的体质。

（1）运动改善心理健康

有科学家研究显示，保持适当的运动不但能延缓身体衰老，还能预防很多疾病，同时对治疗疾病的效果比药物的作用还要强大。对于青少年来说，长期保持适量的体育锻炼，能够改善他们的心理健康。

（2）运动让孩子更有活力

运动既能增强身体力量，也能使脑细胞保持健康，在很大程度上能提高孩子身体的灵敏性和平衡能力，同时还能起到调节体脂的作用，让孩子具有积极的心态和保持青春的活力。

（3）运动有助于提升学习成绩

法国思想家伏尔泰说："生命在于运动。"运动不仅有利于身心健康，还能让孩子更好地进行学习。因为运动会让人产生多巴胺、血清素和正肾上腺素，这些重要的神经传导物质，能够全方位地提升孩子的精神和身体状态。

（4）掌握合理的运动时间

任何运动都要量力而行，根据自己的体质掌握好运动时间，才能达到强身健体的效果。特别是对于儿童和青少年来说，每天保持在60分钟左右中高强度的运动就可以了。

3. 体育运动，塑造孩子健全的人格

所谓健全人格，就是人格的正常和谐的发展。通俗地讲，是指一个人要具备独立的人格、情绪稳定、有坚强的意志、能接纳自己和包容自己、能很好地与他人交往、做事情比较专注等。正如蔡元培所说，人的健全，不但靠饮食，尤靠运动。

现代奥林匹克运动创始人顾拜旦说："体育运动不仅锻炼一个人体魄，它同心理学的关系与其它生理关系一样，能够影响人的悟性、性格和良心，因而，它是一副社会、道德的改良剂。"由此可见，体育具有全面育人、塑造健全人格的特征。

从童星到世界冠军的苏翊鸣，在2022年的冬奥会上，他成为冬奥会上一抹亮丽的风景。特别是苏翊鸣身上那种开朗乐观、积极阳光、快乐自信的气质，格外引人注目。

苏翊鸣从4岁时开始学习单板滑雪，2017年，苏翊鸣就在训练跳台的时候不小心摔成小腿骨折。他说，经历伤病时，最困难的不是身体上的恢复，而是要克服受伤所带来的心理上的恐惧。

尽管经历着心理上的挫败和身体上的折磨，但多年参加滑雪运动练就了苏翊鸣坚强的意志，任何困难都撼动不了他对滑雪运动的热爱，他说："滑雪让我玩得开心，享受这个过程。不管是比赛训练还是拍滑雪的东西，都是享受。所以我要尽自己最大的努力去享受单板滑雪的乐趣。"

带着对滑雪的热爱，他坚持了14年。虽然要进行高强度的训练，但丝毫不影响他对滑雪的兴趣。他学习也很刻苦，利用零碎的时间复习、预习功课。从上学至今，他的学习成绩在班里一直是名列前茅。同时，他还利用业余时间拍戏，与国内众多顶级滑雪高手参演了多部滑雪纪录片……是名副其实的德智体美劳全面发展的孩子。

在回答为什么要选择走职业运动员的道路时,他乐观地说:"有时回过头想想,其实自己那时还是个小孩子,只能完成几个简单动作,参加冬奥会确实是个比较'伟大'的目标……但我一直在努力,朝着目标一点一点地靠近。"

苏翊鸣这个别人家的"孩子",除了具有运动天赋外,更离不开父母对他的教育。苏翊鸣获得冬奥冠军后,苏妈妈特地给他写了一封"家书",讲述了他小时候的事情。这封"家书"是对他一路成长的寄语和祝福。

从"家书"中我们可以看到,是父母悉心的培养,再加上苏翊鸣的天赋和努力坚持,才让他收获了今天的殊荣。不过,与天赋和努力相比,来自父母的引导、支持和谆谆教导尤其重要。

特别是在"家书"的结尾,苏妈妈提到苏翊鸣走到今天,最应该感谢的人是他自己,他从 4 岁坚持学习滑雪到现在,多年如一日的重复而枯燥的训练,才让他取得了这么好的成绩。她还鼓励苏翊鸣继续坚持下去,将来为国家和社会做出更多的贡献。

苏妈妈的"家书",让我们看到父母对苏翊鸣的教育,更倾向于塑造孩子健全的人格。这种教育方式非常值得其他父母借鉴。因为孩子无论是在求学过程中,还是他将来走上社会独立生存,难免会遇到困难和挫折。而一个具有健全人格的孩子,不会想着逃避和放弃,而是想尽一切办法去解决。

父母要让孩子明白什么是坚持,无论是学习还是将来的工作和事业,他必须做到坚持,才能够取得令自己满意的成绩。

科学研究发现,体育运动最大的好处不只是身体的运动,还是大脑的运动,同时还能塑造一个人的性格、锻炼意志力、培养坚韧不拔的毅力和优秀的领导力。当孩子长期坚持一种体育运动时,不但能够改善他生活中的不良行为习惯,培养健康的生活习惯,促进品格的全面发展,还会让他变得乐观自信、勇敢坚定,做事情不轻言放弃。

几年前,有个学员对我说,他觉得参加体育运动能改变一个人的性格。

他上小学时,性格自负、好逞强,做事极端,因为数学成绩好,他总觉得自己高人一等,多次在同学面前自夸。直到他在父亲的建议下选择了一项体育运动,才彻底改变了他的性格。

他喜欢在村里的河里游泳。所以,当父亲说让他选择一项体育运动作为爱好时,他毫不犹豫地选择了游泳。

他参加学校举办的游泳比赛,很轻松地就拿到了自由泳和仰泳第一名。为此,学校选他到县里参加比赛。虽然比赛前他也做了不少训练,但是,他在初赛时就被淘汰了下来。

这次失败给他的打击很大,让他体会到什么是"天外有天,人外有人"。那天,早早被淘汰的他看着其他选手接下来惊心动魄的比赛,每个选手划水的优美姿态彻底征服了他,让他发现了自身的狭隘和缺点,觉得自己以前真的是"坐井观天"的青蛙。

从那以后,他一边认真训练,一边团结周围的同学,整个人变得谦虚有礼貌。他总结说:"我在跟周围的同学交流时,发现他们都有跟别人不一样的过人之处,让我觉得'三人行必有我师'。"

体育心理学研究表明,体育运动对人的心理活动所起的作用很明显。通过有针对性的运动,让孩子的性格在运动中完成。特别是在需要团队合作完成的运动中,更能塑造孩子的性格。因为通过团队规则,孩子们会经历合作、竞争、困难、挫折、失败、成功等,孩子在整个参与的过程中,会体验到帮助他人、彼此受益的乐趣,让他明白团队协作会比单打独斗更容易成功。同时,还会让孩子懂得团队合作需要一种奉献精神,这些道理,远比他在课堂和书本中学得更为深刻。

我国历史上伟大的教育家和思想家孔子,在几千年前就向我们诠释了体育锻炼的重要性。《论语》记载:"志于道,据于德,依于仁,游于艺。"就是告诉我们,学习需要德育、智育、体育全面发展。

体育的魅力,不仅在于壮筋骨、强身健体,还可调节情绪、坚强意志。是对孩子健全人格教育的最好方式。体育项目既可以是个人竞技,也可以是团体角逐,涉及相互协作,相互了解和沟通。因此,无论输赢,都有助于孩子身心健康的成长。

运动心理学研究证明,各项体育活动需要较高的自我控制能力、坚定的信心,勇敢果断和坚韧刚毅的意志等心理品质为基础。所以,让孩子有针对性地进行体育锻炼,对培养他健全性格有特殊的功效。

(1)孤独、不合群的孩子

苏霍姆林斯基说:"经常体育锻炼,不仅能发展身体的美和动作的和谐,而且能形成人的性格,锻炼意志力。"假如你觉得孩子不大合群,不习惯与同伴交往,父母可以为他选择足球、篮球、棒球、排球、接力跑、拔河等集体项目。

这类体育项目共同点是要求每一位成员互相配合、交流,强调团队精神。孩子坚持参加这些集体项目的锻炼,会帮助他改变孤僻的习性,使他乐于与同伴交往,从而更加热爱集体生活。

(2)腼腆、胆怯的孩子

如果你的孩子胆子小,做事畏畏缩缩,懦弱没有底气,一说话就紧张、脸红。父母可以让他参加游泳、溜冰、滑雪、拳击、摔跤、单双杠、跳马、平衡木等运动项目。

这些类似于冒险的活动，能在一定程度上帮助孩子克服胆怯心理，让他以勇敢、无畏的精神去战胜困难，越过障碍。只要孩子坚持锻炼下去，会让他的胆子变大，处事也会变得老练。

（3）优柔寡断的孩子

如果孩子在处理事情时常犯犹豫不决、不够果断的毛病，父母可以让他参加乒乓球、网球、羽毛球、拳击、摩托、跨栏、跳高、跳远、击剑等体育活动。

因为这些运动项目有助于锻炼孩子的反应速度、敏捷性，以及判断能力。每个人成功的机会就在一瞬间，哪怕片刻的犹豫都会让他贻误良机、遭到失败。所以，让孩子多练习此类项目能有助于增强他果断、干练的个性。

（4）急躁、易怒的孩子

如果孩子脾气急躁、冲动，做事不计后果。父母可为他让他学学下棋、打太极拳、慢跑、游泳和骑自行车、射击等项目。

因为急躁易怒的人，一般都比较冲动，即刻满足感很强，忍耐能力较差，而这些项目可以调节孩子的神经活动、增强自我控制能力，帮助他稳定情绪、改掉急躁、冲动易怒的性格。

（5）缺乏信心的孩子

如果孩子做事没有信心、患得患失。父母可以为他选择一些简单的运动项目，比如，跳绳、俯卧撑、广播体操、跑步等项目。由于这些项目动作简单易学，很快就能学会，孩子学起来没有压力，并且可以通过运动来锻炼身体，对他的心理也能起到帮助作用。除此之外，父母可以通过一些方法，让孩子每天坚持做下去，能够让他的性格变得开朗乐观。

最后需要提醒的是，父母在为孩子选择体育项目时，一定要针对孩子年龄、身体素质等，与此同时，还要对他的运动时间加以控制，一般情况下，运动半个小时左右为宜。还要嘱咐孩子在运动前要热身，运动时的动作幅度要从小到大、循序渐进地进行。

4. 合理锻炼，提升孩子的抗压能力

随着社会的发展，人们对生活水平要求越来越高，使得工作和生活的节奏不断加快。由此带来的压力无处不在。当父母感觉到打拼生活的巨大压力后，就会不由自主地对孩子严加要求，目的是让孩子通过学习将来能有一份没有压力的工作，这样才不至于像自己这样辛苦。

俗话说，有压力就有动力。有人的地方就有人际冲突，从事任何行业都有压力。父母的出发点是好的，但是，真正解决孩子压力的根本，并不是在他的学业上加筹码。而是加强孩子的心灵健康，修炼他强大的心理，来应对学业和今后生活和工作中的压力。

孩子从入学开始，会经历来自学习的压力、青春叛逆期到来时的心理压力。这时候孩子心理和身体都处于发育期，如果父母不加以引导，有可能会导致孩子因学习压力过大而不利于成长，严重时还会造成失去生命的悲剧。

越来越多的新闻报道中提到，有相当一部分青少年选择极端方式逃避压力，并且年龄呈小龄化，这已经成为父母和教育者必须重视的问题。在鲜活的生命面前，分数和成绩显得微乎其微。父母挽救孩子的唯一良药，就是帮助孩子如何抵抗压力。

治标先治本，压力不可怕，如何在压力来了之后抗压解压，才是治本。曾经有科学研究显示，体育运动能有效地帮助孩子抵抗压力。让孩子多参加体育运动，能帮助他们更好地面对青春期生理和心理变化以及学业、社交等压力。

近年来，美国杨伯翰大学研究人员对276名高中生进行跟踪调查，包括他们参与体育运动情况、抗压能力、社交能力、同理心等。其中，有214人参加体育运动，62人不参加体育运动。

结果表明，与不参与体育运动的同龄人相比，参与至少一项体育运动的高中生对抗压力的能力明显要高。而且，他们的自我调节能力、同理心和社交能力也比较强。

调查还发现，随着高中生参与的体育运动项目越多，他们的抗压能力也越强，特别是那些热衷于三四项体育运动的高中生，他们的心理适应能力更强，远远高于只练习一项体育运动的同龄人。

研究人员认为，在求学阶段的青少年由于心理、生理的变化以及课业压力、社交压力等，会让他们选择一些不良嗜好来缓解心理压力，比如，通过抽烟、喝酒等行为来减少心理压力。在这种情况下，父母要及时干预，多鼓励孩子参与体育运动，有助于他应对当下乃至未来生活中可能出现的各种困难和挑战。

由此可见，父母让孩子多参加体育运动，能够帮助他们更好地面对青春期生理和心理变化以及学业、社交等压力。

因为青少年在参与体育运动的过程中，会伴随着各种挑战和困难。为了取胜，会促使他们不断地想办法去克服，与此同时，他们在与同伴合作实现共同目标的过程中，也教会他们胜不骄败不馁的气度，让他们能够理解队友、正确看待竞争对手。

从心理学上来说，进行体育运动后，大脑会分泌多巴胺和内啡肽，这两种物质都能刺激人体产生愉悦的感觉，从而导致神经兴奋。所以，孩子经常参加运动，有利于他们保持开朗、乐观的心情，特别是对抑郁症、焦躁症等具有一定的改善效果。此外，运动还能增强人体体质，提高人体的免疫力和抵抗力。

2021年7月24日，在日本东京的冬奥会上，21岁的杨倩一战成名。她先是获得了女子10米气步枪冠军，为中国体育代表团夺得首金。之后她又与杨皓然搭档获得射击10米气步枪混合团体冠军。这让杨倩成为东京奥运会上第一个夺得双金的选手。

此次冬奥会上，给国人留下深刻印象的是杨倩在比赛过程中的出色表现，她作为中国第一个上场的运动员，其镇静自若的神情、射击时的从容和淡定，充分体现了她强大的心理素质。她能够夺得这块金牌并不是打败了对手,而是她战胜了自己。

让人们惊叹的不只是杨倩的两枚金牌,而是她在比赛时的沉稳冷静、气定神闲。那可是向全球观众直播的奥运会赛场,稍有差池,就有可能前功尽弃。但杨倩的态度镇定自若、从容大气。很多人为此称赞她具有超强的抗压能力,还给她取了"大心脏"的外号。

赛后接受采访时,大家才知道,杨倩还是清华学霸,她此次是借着暑假参加比赛的。谈到比赛过程中的心态,她说,就是安慰并鼓励自己把平时的水平拿出来就可以,不去想别的。多年如一日的枯燥而乏味训练,让她懂得在学习和训练之间相互协调。她会通过学习不断充实自己,而在训练中,她通过做很多不同的角度的练习和尝试,让她更是有不一样的收获。

她能够拥有超乎年龄的强大心理,源自她小时候母亲对她的引导。早在10岁的时候,她就被教练选中进入射击队训练。

面对日复一日的枯燥重复的训练生活，她也曾疲倦过，想过放弃。这都是在情理之中，一个正值无忧无虑年纪的小女孩，因为要练持久性和基本功，需要每天抱着没有实弹的枪，一动不能动地进行练习；因为要参加各种比赛，也让她感觉到与年龄不相符的压力。她能在这种环境中坚持一年，已经实属不易。

一年后，她对妈妈说想放弃时，妈妈对她说，做任何事情都有难度和压力，只要选择了就一定要坚持下去，这样才能把事情做好。如果一出现困难和压力就放弃，那么以后做什么都会一事无成。

她铭记住妈妈的教诲，沉下心来继续投入到训练中去。12岁时，她获得全国青少年锦标赛的亚军；15岁时，她靠自己的实力进入国家队。

随着训练强度的日益增加，杨倩对自己的要求越来越高，哪怕每天进步一点点，她也要坚持下去。到现在已经把艰苦的训练当成一种习惯和享受，如果有半天时间不训练，她就有一种惘然若失的感觉。

正是凭借着自己的运动天赋和日复一日地超强训练、自我挑战、顽强拼搏的精神，让她在短短几年时间就从省冠军成为世界冠军，这中间并不完全是靠她的天赋，还需要拥有持之以恒的决心和坚持不懈的努力。她在为国争光的同时，也成就了自己的人生。

如今的她，早已经从掌声和荣誉中走出来，回归到校园两点一线的生活中去了。此时的杨倩，继续把学习和训练当作拼搏的日常。在各种压力中挑战自己、让自己更加快速地成长，成为她新的奋斗目标。

杨倩能拥有强大的心理素质和抗压能力，最根本的原因是她在小时候，得益于母亲的谆谆教导。母亲用浅显的道理告诉她，如果她因为困难和压力放弃时，那么以后再做其他事情时仍然会中途放弃。因为她放弃的不是做这件事，而是选择了向压力妥协。母亲的教导让她醍醐灌顶。所以，有时候，父母对孩子的引导，有可能会为孩子的未来指出一条明路。

孩子的性格和好习惯，在很大程度上源自家庭的影响。特别是孩子在18岁以前，家庭教育起着关键性的作用。

因为这个时候，正是孩子性格、习惯养成的重要阶段。无论是好习惯和坏习惯，只要父母给予正确的引导和指导，他们都能够很快接受并改正。所以，对于孩子身上的优点，父母要多肯定，对于缺点，要及时指出，帮助孩子改正。

当下很多父母对孩子的教育停留在"学习好就够了"，尽可能用物质来奖励或是满足孩子的需求。使得大多孩子像生长在温室里的幼苗，过着衣来伸手饭来张口的生活。给他们一种"只要是用钱解决的问题都不是问题"的错觉。

在父母的护佑下，很多孩子变得娇嫩无比，让他们很难适应外界的风吹雨打。在这种环境中成长起来的孩子，一旦遇到压力，轻则怨天尤人，重则做出过激的行为，甚至不惜伤害自己的身体。所以，父母对孩子最好的教育方式，就是要培养出能吃苦、有毅力、能抗压的孩子，但这不能光靠父母、说教，而是让孩子自己去实践。

（1）在重复的训练中，锻炼平常心

罗斯福说过，外在压力增加时，就应增强内在的动力。

体育运动作为最直接也是最简单有效的培养孩子抗压的途径之一。除了让孩子身体变得强壮外，运动还能锻炼孩子的平常心态。因为运动中那些不断重复的枯燥动作，有助于培养孩子的耐心，能扛得住这种枯燥无味训练的孩子，将来更能以平和心态应对压力。

（2）在高压训练中，增强自信心

我国著名体操运动员李宁说过："有意无意当中，体操对我的一些素质给了很多培训，包括怎么面对困难、怎么样能去找到战胜困难的方法、怎么样去树立一个目标、怎么样坚定自己的意志去实现这个目标。"让孩子坚持体育运动，会让他体验克服困难的感受，培养他的信心、增强勇气，有助于他在未来的道路上勇敢面对困难。

（3）在习惯性的运动中，养成好习惯

父母鼓励孩子参加体育运动，并不是让每一个孩子成为专业运动员，而是让他们享受运动带来的乐趣。让孩子养成每天坚持运动的好习惯，也是他感受健康生活的一种方式，能为他未来的生活和学习打下坚实的基础。

5. 选择合适的项目，释放孩子的天性

以前的读书人因为肩不能扛、手不能提，被人们称为"百无一用是书生"。今天的父母却担心孩子变成"头脑简单，四肢发达"的鲁莽之人，所以就忽视孩子的身体锻炼，只是一味地要求他"苦学死学"。然而，事实证明，很多"四肢发达"的孩子不但更聪明好学，做事情更有毅力，有的孩子还在擅长的领域卓有建树。

已故的南开大学教授艾跃进是马克思主义学院教授、博士生导师、南开大学军事学科创始人。

艾跃进教授博学多才、满腹经纶。他的讲课风格以幽默风趣、豪迈霸气著称。听他的课，会让人澎湃激昂、热血沸腾。

这让他的课深受学生欢迎,每堂课人数总是爆满。

他有一个想报考军事专业的学生。这个学生的学习成绩、做人做事等各方面都比较优秀,这个学生最大的梦想就是当一名军人,却因为身体方面的原因没有如愿。他为自己的学生感到十分惋惜和遗憾,为此,他多次在公开的演讲场合向学生强调身体健康的重要性。他说,每天坚持锻炼一小时,能工作50年。如果学生时代不注重身体锻炼,白天学习压力大,晚上熬夜玩电脑,到40岁身体就顶不住了。所以,国防生必须拥有过硬的身体素质,必须要通过体育训练来强健身体。

其实,不只是艾跃进教授把学生的身体素质看得重要,就连古希腊伟大的哲学家柏拉图也说过,身体教育和知识教育之间必须保持平衡。体育应造就体格健壮的勇士,并且使健全的精神寓于健全的体格。

"力学之父"钱伟长小时候因家境不好,饮食营养跟不上,身体瘦弱矮小。他考入清华大学时身高才1.49米,成为"清华历史上首位身高不达标的学生"。因为严重偏科,他入学时的语文、历史都是满分，但物理只有 5 分，化学和数学加起来才 20 分。

上大学后不久，"九·一八"事变爆发。此时，钱伟长深刻地意识到"科学"才能"救国"。于是，他下定决心要"弃文学理"，并从零开始学习物理。因为急于想实现科学救国的理想，他经常废寝忘食地学习。营养不良再加上繁重的学业，导致他的身体日渐虚弱，隔三岔五地生病。

每次生病时，他想起自己立下的报国愿望，觉得如果因身体原因而落空就太可惜了，便心有不甘。于是，他再次痛下决心，发誓要通过体育锻炼让身体强壮起来。

整个大学期间，他一边刻苦攻读，一边参加体育活动。当时，他是大学足球队的主力左前锋。1937 年，他代表中国参加在菲律宾举行的远东运动会上勇战日本队，实现了九连冠。

在"无体育，不清华"的浓厚体育氛围的熏陶下，哪怕学业再忙，钱伟长都没有放弃体育锻炼。硕士毕业时，他的身高从 1 米 49 增长到 1 米 65。

长期坚持体育锻炼的习惯，让他拥有健康的体魄和旺盛的精力。即使在90多岁高龄时，他仍然以长跑作为锻炼方式，并且坚持每天步行3000步。

从他毕业参加工作到去世，他健康工作了整整73年，用一生践行了"锻炼身体，争取为国家健康工作五十年"的承诺。

让钱伟长有足够的底气实现"科技救国"理想的，除了他的智慧和好学外，还有强健的身体素质。多年坚持体育锻炼的习惯，让他保持了健康的身体和敏锐的头脑，为此他说过："在漫漫人生道路上，体育运动使我有勇气承担风雨，有毅力克服困难，有意志不断战胜自我。"

上海大学贯彻的"以人为本、全面发展，健康第一、终身受益"的体育理念，就是钱伟长担任上海大学校长时提出来的。

由此来看，体育锻炼不但能强身健体，还能治疗一个人先天性失调的病弱体格，同时还有助于我们以后的学习和工作。因为学习不只是脑力的博弈，也是对体力的考验。如果孩子没有健康的身体，学习也难以为继。运动是孩子成长过程中极为重要的一环，它是一个人理解生命、体验生命的最好的方式之一，能使孩子的身体和精神都趋于强健，在运动中，孩子的意志力也会变得更强大，心智也会更加健全。

钟南山也是自小就热爱体育锻炼，当年他还是"全运会破纪录者"，曾经多次面临是否要做专业运动员的选择。只是因为他最终喜欢的是医学，才忍痛割爱。

袁隆平从小就喜欢游泳，上学时多次代表学校参加比赛拿奖拿到手软。为了庆祝自己的新婚，他还在新婚之夜带着爱人去河里游泳。2008年北京奥运会时，他担任的是奥运圣火在湖南传递时的001号火炬手。甚至在80多岁时还和年轻人一起打球。他最喜欢的运动员是郎平，因为女排精神和他自己的性格一样，就是永远不害怕失败，不断攀登高峰。

我国短跑健将苏炳添，打破了亚洲人百米短跑的纪录，作为一个黄种人出现在全是黑人的东京奥运会短跑决赛的场上，打破了黄种人在短跑道上跑不赢黑人的偏见。他既是"四肢发达"的运动健将，也是暨南大学2017届国际经济与贸易专业硕士研究生，暨南大学体育学院副教授，硕士研究生导师，以及北京体育大学体能训练学院博士研究生。

由此可见，父母从小培养孩子热爱体育运动，非但不会耽搁孩子的学习时间，反而让他们有更充沛的精力对待学习。可以说，孩子养成体育运动的习惯，能让他既拥有健康的身体，又有精力读书。可谓是学习健身两不误。

父母从小培养孩子体育运动，并非为了让孩子将来从事体育行业，当运动健儿，而是充分释放孩子的天性。

朋友的儿子今年10岁，打网球已经快3年了。这3年当中，他风雨无阻，每天坚持训练1小时。朋友从3年前的陪练，到现在她已经成为儿子的"手下败将"。她见证了孩子从开始的"拒绝"到自愿，从最初的让人监督到现在的积极主动。更令朋友感到欣慰的是，儿子的身体变得健康强壮，个头也长高了。

她的儿子是早产儿，从小身体羸弱，见到生人就哭，不爱合群。但特别喜欢跑跑跳跳，也不怕摔跟头。他上幼儿园和小学时都是三天两头的生病。为此，医生建议他们多带孩子到户外适当锻炼身体,可以增强孩子的体质。

她的儿子 7 岁时喜欢打乒乓球,她就给他报了班。可是,孩子学了没多久就想放弃。为了鼓励孩子,她和爱人轮流陪着练习。随着孩子在练球时跟小伙伴们互动交流,终于彻底地爱上了打乒乓球。

为了多腾出时间训练,孩子学会了自己安排学习时间。一年后,他的身体状况有明显好转,也很少生病。同时,学习成绩也有所提升。

现在,她儿子是班里的体育委员,业余还练习了很多种体育项目,参加过长跑、短跑、铅球等项目比赛。性格也由原来的内向变得乐观开朗起来。

对于孩子来说,锻炼身体最好的途径就是体育运动。这需要父母的配合。因为爱动爱闹是孩子的天性,父母只要稍加引导,就能培养他的运动兴趣。

我国伟大的教育家孔子提倡因材施教,就包含了通过教育来释放孩子的天性。他提出的天性中就包括体育运动项目。足以表明他对体育的重视,也充分显示了这位教育家的智慧和先见之明。特别是在几千年前，教育还是属于贵族子弟享受的特权时代，这也是为什么他的弟子中有文人，也有武将的原因。

孔子的教育思想十分丰富，对德、智、体、美、劳都有深层次探讨，堪称是追求极致教育的理想教育家，即人的理性获得全面发展的教育。在他看来，美育是培养人的最重要的一道工序。

研究证明，在2至5岁的儿童中，爱玩爱动的孩子的脑容量比安静的孩子至少多30%。因为爱动的孩子要完成几十种与大脑活动相关的动作，比如，掌握平衡、协调心理、处理问题等。除此之外，运动还有助于提高孩子识别物体的能力、语言表达能力和想象创造力，以及消除孩子的心理压力和恐惧感等。

同时，人在运动时，身体会产生多巴胺、血清素和去甲肾上腺素，这三种物质都和学习能力相关。例如，运动产生的多巴胺能调节人的情绪，使人感到快乐。而运动过后，会让人感到神清气爽、精神高度集中，导致学习效率大大提高；血清素则是一种能提高记忆力的物质，也就是说，孩子常运动有助于把所学知识记得更牢；去甲肾上腺素则能提高人的专注力，有助于孩子学习新知识。

所以，父母要带孩子多学几项运动，从中找到适合他的运动项目。鼓励孩子每天做运动，会让他在学习中更开心和专注。父母在引导孩子选择运动项目时，要注意以下几点。

（1）根据孩子的身体素质搭配运动项目

由于孩子的身体正处于发育阶段，需要全面且均衡地提高孩子的身体素质。但羽毛球和网球等体育项目属于单侧锻炼，如果孩子长期做这样的训练，会导致孩子的右臂比左臂粗和强壮，严重时还导致脊柱侧弯。所以，父母在此基础上可以再帮他选择能锻炼全身的运动项目，比如，篮球、游泳等全身运动的项目进行互补，以达到均衡锻炼身体的目的。

（2）根据孩子的年龄特点来选择运动项目

孩子的身体处于发育初期时，父母可以为他选择以灵敏性、协调性、柔韧性为主的活动项目。比如，健美操、乒乓球、武术、跆拳道、跳绳、跳皮筋等；发育中期，父母可以为他选择以速度为主并兼顾青春初期的活动项目，比如，短跑、羽毛球、足球、游泳、自行车、滑冰等项目；发育后期，由于各器官发育日趋成熟并接近成年人，父母要为他选择耐力和力量型的运动项目。比如，中长跑、排球、篮球、网球、攀岩、滑雪等项目。

（3）根据孩子的性格特点选择运动项目

有的孩子具有好强好战的个性，父母尽量帮他选择乒乓球、田径、击剑、游泳等竞争激烈的运动项目。这些项目更容易激发他的血性和阳刚之气；有的孩子性格外向，爱跟人打交道等，父母可以帮他选择足球、排球、篮球等运动项目，这些项目能培养孩子跟人合作的能力。

（4）根据孩子的兴趣和爱好选择运动项目

因为孩子的学业负担重，又长时间久坐，而体育运动跟学习的有机结合，能缓解他的紧张情绪和学习压力、减轻疲劳，有助于孩子更高效的学习。所以，父母要针对孩子的喜好，为他选择不同的体育锻炼项目，比如，有的孩子喜欢球类运动，父母可以帮他选择篮球、足球、排球等球类项目；有些孩子对健身感兴趣，父母可以为他选择跑步、竞走、跳绳等项目。